Die - Märchen - Omi
aus der
Müller-Märchenstube erzählt:

Fabelhafte Müller-Märchen

Irmgard Edith Müller

Lieder und Fotos:
Irmgard und Kurt Müller

Irmgard Müller Verlag
Berlin

www.maerchenomi-berlin.de
mail: info@maerchenomi-berlin.de
Fax: 03212 6014822

Herstellung: Books on Demand GmbH,
Norderstedt
Fax: 040-534335 84

ISBN: 978 3-930768-76-9

Es war einmal eine fröhliche Runde,
diverse Pflanzen und die Kuh Kunigunde!
Sie alle hatte der Wahnsinn gepackt,
dass sie nicht geboren, um vollgekackt
zu werden von Kuh oder Artgenossen,
drum gaben sie an, und zwar unverdrossen
bei hellem Tage und sogar dunkler Nacht,
so lange bis sie wurden zur Ruhe gebracht
durch Gespräche, Erkennen und so weiter,
ein langer Weg, doch sie wurden gescheiter
dass sie alle nicht zu Höherem geboren
und auf einer Wiese nichts hatten verloren!
Das erkannten sie und sogar drei Bäume,
Huhn und Hahn, auch sie hatten Träume!
Sogar die Göttin des Mondes, der Sonne,
sie zankten sich, dass es war eine Wonne!
Allen war nämlich sonnenklar,
dass dieses Leben ihr Schicksal nicht war!
Erst eine Tanne, ein Kastanienbaum,
die ihnen erschienen in einem Traum
holten sie auf die Erde zurück
und mit ein wenig Einsicht und Glück
verstanden sie die Fabel vom Tannenbaum
und beendeten ihren Wahnsinns-Traum!

Es war einmal,

so fingen Märchen an

in meiner Kinderzeit,

sie liegt so weit.......

Es war einmal,

so klingt es auch noch heut

grad' wie in alter Zeit:

Es war einmal.......

Das Gänse-Blümchen
und
Der Spitzwegerich

Es war einmal eine große Wiese auf der ein wirklich sehr kleines und unscheinbares Gänse-Blümchen sein Zuhause hatte.
Neben ihr hatte ein noch unscheinbarerer Nachbar mit Namen Spitz-Wegerich sein Quartier bezogen.

Beide würdigten sich keines Blickes, denn sie konnten sich nicht riechen, im wahrsten Sinne des Wortes! Aber, was leider noch erschwerend hinzukam, sie mochten sich auch nicht und das war sehr übel!
Sie waren nämlich die einzigen Lebewesen zwischen Kuh-Fladen und noch übler riechenden Gebilden, die sich auf dieser Wiese angesiedelt hatten.
Obwohl Kuhfladen ja überhaupt keine Pflanzen waren, kam es doch hin und wieder vor, dass sich inmitten eines dieser recht übel riechenden Ausscheidungen eine Pflanze angesiedelt hatte.
Nein, umgekehrt!

Eine Kuh hatte sich doch erdreistet, ihren übel riechenden, eigentlich „stinkenden“ Mist über einer leicht duftenden Pflanze auszukippen.

Also, um bei der Wahrheit zu bleiben, auf dieser Wiese herrschten unzumutbare Zustände!

Keine standesbewusste Pflanze würde sich - nicht einmal im Traum - hier ansiedeln und mit einem ‚Gänse’-Blümchen den Atem teilen!

‚Gänse’-Blümchen, dieser Vorname sagte doch schon alles über diese Pflanze aus!

Es war keine Gans-Blüte, nein, es war mehr als eine dumme Gans!
Der Name sagte die Wahrheit!
Es gehörten schon mehrere dumme Gänse dazu, um diese eine Pflanze, die sich auch noch mit Familiennamen ‚Blümchen’ nannte, ganz richtig zu beschreiben!

Der Spitz-Wegerich konnte nur die Nase rümpfen – wenn er eine gehabt hätte – aber so musste er sich seinem Schicksal schweigend ergeben und langsam vor sich hin ‚Wege’-tieren!

Die Langeweile, die schon so manches Unheil auf der Erde angerichtet hatte, gesellte sich nun auch noch zum Überfluss eines Tages zu den Beiden und brachte echte Stielblüten zum Erblühen!

Da erdreistete sich doch die Gänseblume zu behaupten, dass sie eigentlich überhaupt keine Blume sondern die leider sehr schlecht gelungene Nachbildung einer Krone sei und sie eigentlich einem Adels-Geschlecht angehöre!

Der Mittelpunkt ihrer Blüte symbolisiere eine sonnengelbe Krone, die außerdem noch beweist, dass sie aus dem Sonnenreich komme und dass es ohne sie überhaupt kein Leben auf der Erde gäbe.

„Die Krone“ mache überhaupt erst aus einem jeden Lebe-Wesen eine Königin oder auch einen König!
Ohne diese Nachbildung wüssten die Pflanzen, Tiere und Menschen überhaupt nicht, dass es Lebewesen gibt, die zu Höherem geboren sind und daher auch die „Krone des Lebens“ öffentlich zur Schau stellen dürfen.

Aus der Krone kommt das „höhere“ Leben!

„Die Krone des Lebens“ ist also kein dummer Spruch, sondern entspricht der einzigen wahren Wahrheit!
Sie, das Gänse-Blümchen – und wie der Name schon sagt: „Gänse“ nicht nur Gans, also verbirgt sich hinter dem Namen eine Mehrzahl und außerdem kommt dann noch der zärtliche, liebevolle Zusatz „Blümchen“ hinzu!
Dadurch ist doch wohl alles geklärt!

Sie, das Gänseblümchen trägt also schon bereits die Krone der gesamten Schöpfung zur Schau und so wolle sie auch in Zukunft erkannt und geehrt werden!

Genau in dem Moment, als sie ihren Vortrag beendet hatte, kam eine Kuh des Weges und schiss der Gänseblume gehörig auf ihre dämliche Blüte einen Riesen-Haufen, denn sie ertrug das dumme Gefasel auch nicht mehr und beendete damit das Gespräch über alles Wissenswerte vom Adel und so weiter und so fort!
Damit waren für sie endgültig alle Fragen geklärt und der Spitz-Wegerich konnte seine Weisheiten auf einer anderen blöden Weide ausbreiten, auf der nicht so dämliche Pflanzen wohnten.

Hier wäre jetzt jedenfalls Schluss mit lustig! Amen!

Dann schiss die Kuh eine Riesenladung Scheiße auf das Gänseblümchen sowie auf den Spitz-Wegerich, der leider überhaupt nicht zu Worte gekommen war und machte sich laut muhend auf den Weg in ihren Kuhstall!

Der Herr Klee und seine Frau Gemahlin

Es war einmal, ich glaube ziemlich kurz nach dem unvergesslichen Monolog des Gänseblümchens, als der Herr Klee über alle Maßen empört seine Stimme, die keineswegs so dünn und kläglich war wie die der unscheinbaren Blume „Gans“ sondern voll und außerdem auch noch zusätzlich mit einem „gewissen Unterton“ und einer Respekt einflößenden Lautstärke verfügte, seine ehrliche, unumstößliche Meinung zur Wiesen-Ordnung kundtat, die er eine volle Nacht aus reiner Fairness zurückgehalten hatte, weil er in kluger sowie einfühlsamer Weise dem „Blümchen Gans“ nicht voll und ganz die Schau stehlen wollte!

Also begann er mit einer keinen Widerspruch duldender Stimme:

„Ich habe selbstverständlich nur geschwiegen, weil ich als höflich und zurückhaltend auf dieser Wiese und überall auf der Welt bekannt und beliebt sowie zusätzlich auch noch geachtet und bewundert werde!

Nun muss ich jedoch höflich, wenn auch natürlich völlig zurückhaltend bemerken, dass ich nicht nur einfach schlicht und ergreifend eine Farbe zur Schau stelle, nein ich bin unendlich stolz über meine Frau Gemahlin, dass sie sich vorteilhaft sowie auch damengerecht kleidet und sich zusätzlich eine äußerst dezente und attraktive Farbkombination ausgedacht hat, um sich von mir zurückhaltend und bescheiden zu unterscheiden.

Natürlich hat sie mit meiner vollsten Zustimmung einen lieblichen und damenhaften Farbton gewählt, der mich weder aufdringlich noch angeberisch übertönt, sondern meine Herrlichkeit herrlich unterstützt und sogar erst richtig zur Geltung bringt, wenn sie neben mir - vollbusig erblüht - ihre Weiblichkeit zur Schau stellt.
Ja, ich muss in aller Bescheidenheit gestehen, sie rückt meine Schlicht- sowie Vollkommenheit erst so richtig ins richtige Licht!

Wenn sie neben mir einmal im vollen rosa-roten Ton errötet, dann natürlich nur, weil sie mich die reinweiße Kleeblume, durch ihre Achtung sowie ihren Stolz - dass sie mit mir verheiratet ist - erst so richtig voll zur Geltung bringen kann

Sie hat sich sogar eigenständig selbst ausgedacht, manchmal ein „besonderes Kind“ auf die Welt zu bringen, das vier Blätter statt nur drei vorweist!
Dies ist kein reiner Glücks-Zufall sondern ein Kunststück oder auch eine Neuschöpfung, die sich natürlich nur durch mich ganz alleine und meine Kreativität entwickeln konnte!
Nur darum freuen sich auch die Menschen wie verrückt und sammeln und verehren vierblätterige Kleeblätter in der Hoffnung, dass auch ihnen - genau wie mir - ein klein wenig Glück einfach nur so in den Schoß fällt und sie ebenfalls glücklich macht!

Das wäre ja eigentlich schon genug, um die Besonderheit der Familie Klee zu untermalen, aber die Kinder, die hin und wieder diese Wiese besuchen, bringen nicht nur übergroße Freude zum Ausdruck, wenn sie sich aus meiner weitläufigen Verwandtschaft Kleeblüten-Kränze als besonderen Kopfschmuck herstellen und ihn voller Stolz und übergroßer Bewunderung auf ihren Köpfen zur Schau stellen.
Aber, ich muss in aller Bescheidenheit zusätzlich noch erwähnen, dass natürlich nicht nur die Kinder glücklich sind!

Nein ihre Freude über dieses einmalige besondere Ereignis bringt sogar die Erwachsenen zum Glücklich sein so dass es nicht nur immer ein vierblättriges Kleeblatt sein muss!
Auch ein dreiblättriges Kleeblatt ist natürlich schon ein Natur-Ereignis!

Der Klee hat sogar ein eigenes Sprichwort bei den Menschen!
Ein besonderes Talent oder überhaupt etwas sehr Einmaliges in der Welt wird sinnbildlich „weit über den Klee hinaus“ verehrt sowie bewundert!
Ist das nicht bewundernswert?
Ist das nicht eine nennenswerte Bemerkung?
Ich könnte vor Stolz platzen, wenn ich mich nicht so beherrschen würde. Ja, das könnte ich wirklich!

Auch Märchen und Geschichten gibt es über meine Familie!
Sogar uralte, die so wertvoll sind, dass sie nur wenigen Menschen bekannt sind!
Ich könnte über diese Aussage sogar vor Stolz ohnmächtig werden!
Zum Glück bin ich jedoch Besitzer von sehr kräftigen Wurzeln!

Mich kann daher so leicht nichts aus der Erde reißen!
Unsere Familie, die weit über die Welt verstreut und natürlich außerordentlich beliebt ist, wird daher auch ständig vom Besucher-Strom bestaunt und bewundert!

Wir sind daher der Umwelt gegenüber auch aufgeschlossen und bekommen täglich Besuch von Fliegen, Bienen, Hummeln und sogar Schmetterlingen, die wir natürlich nicht nur mit köstlichem Nektar verwöhnen, sondern mit denen wir uns ebenfalls gebildet und unterhaltsam unterhalten können!
Wir sind aber auch noch ständig mit dem Wind und den Wolken im Austausch. Sie verbreiten die wichtigsten Abenteuer in der großen weiten Welt. Daher sind wir natürlich ebenfalls sehr gebildet und außerordentlich wissbegierig!
Zum Beispiel wissen wir ebenfalls dass unsere Blüten für sehr viele Dinge verantwortlich sind!
Zum Beispiel sind sie für eine Vielfalt von Honig-Sorten geeignet! Mindestens zwei könnte ich sofort ohne nachzudenken, benennen und ihren Geschmack wortgewandt in leckere Worte sowie auch wiesenbunte Schilderungen kleiden!

Dass Menschen sogar schon vor vielen hundert Jahren Märchen und Legenden über bezaubernde junge Mädchen, die sich mit Klee-Blüten zur Hochzeit schmückten, aufgeschrieben und sogar weitererzählt haben, hätte ich beinahe vergessen, zu erwähnen!
Es darf aber auf gar keinen Fall in Vergessenheit geraten, denn es ist für unseren Familienstolz äußerst wichtig!“

„Ja, darüber wird bestimmt einmal die gesamte Welt in Verzückung geraten, wenn sie dies erfährt“ verkündete mit voll Stolz geblähter Brust nun die Frau Klee, die leider nur sehr selten einmal zu Worte kam, nämlich nur, wenn ihr Gatterich sich im Erzähler-Rausch befand!
Dann durfte auch sie, aber nur manchmal, wenn er vor guter Laune sprühte und völlig aus dem Gleichgewicht geriet, sogar eine kleine lustige Begebenheit erzählen, was sie dann auch immer voller Freude tat!
„Denkt Euch nur, was meinem Herrn Gemahl einmal passiert ist!
Da hat er doch tatsächlich einmal – natürlich nur versehentlich – den Herrn Löwenzahn zu seiner Verwandtschaft gezählt!

Dies hat ihn aber nicht erfreut sondern so fürchterlich echauffiert, dass ihm auf einen Schlag sämtliche Haare ergrauten und für den Wind in einen so erfreulichen Zustand gerieten, dass dieser ihm diese mit einem einzigen Atemstoß wegblasen konnte!

Ja und dann kommt der Clou vom Ganzen:

Die Kinder, die zufällig gerade vorbeikamen, stimmten voller Begeisterung ein Jubelgeschrei an, stürmten unsere harmonische Wiese und rupften doch tatsächlich sämtliche Pusteblumen, wie sie diese wundersamen Gewächse einstimmig nannten, ab und veranstalteten mit riesigem Hallo ein Riesen-Pusteblumen-Spektakel!

Von diesem Schauspiel hat sich mein Herr Gemahl bis heute nicht erholt und keiner darf dieses Thema auch nur streifen ohne dass er völlig durchdreht und sich nicht mehr beherrschen kann.

Von dieser furchtbaren Krankheit wurde er erst geheilt, als die Kinder seine Freunde wurden und sämtliche Pusteblumen mit Wurzeln ausrissen und in ihren eigenen Gärten wieder einpflanzten.

Damit wurde der Aufstand der Wiesenblumen, den mein Herr Gemahl einmal vor langer Zeit fast angezettelt hätte, wieder beruhigt und er konnte langsam genesen sowie sich auch erholen.
Noch heute gerät er aber aus dem Häuschen, wenn einer den Namen „Löwenzahn“ in den Mund nimmt, auch wenn dies nur aus reinem Spaß an der Freude geschieht.“

Die Frau Gemahlin vom Herrn Klee war gerade an diesem Punkt angelangt als ein sehr kräftiger Windstoß ihrer Erzählung ein jähes Ende setzte denn der Herr Wind hatte rein zufällig einige Worte aufgeschnappt und langsam aber sicher in seinem Gehirnkasten verarbeitet.
Es dauerte allerdings bei ihm einige Sekunden oder besser gesagt Minuten, bis er alle Worte geordnet und zu einem selbst ihm verständlichen Satz wieder zusammengesetzt hatte.

Dann aber setzte er sofort das Vernommene in die Tat um und wirbelte die kleine verträumte sowie auch harmlos zusammengesetzte Gesellschaft so sehr durcheinander, dass allen Sehen und Hören verging und bat dann sogar einige vorbeiziehende Wolken um Hilfe!

Natürlich formierten sie sich sofort zu einem Gewitter, denn das Gespräch hatte genügend Zündstoff angesammelt so dass sie mühelos und ohne weitere fremde Hilfe diese Bitte schnellstens erfüllen konnten!

Und sie erfüllten natürlich dem Herrn Wind gerne und sogar freudig seinen Wunsch, denn sie segelten auch gerade etwas gelangweilt durch die Gegend und warteten sehnsüchtig auf eine Gelegenheit, wo sie endlich ihre angesammelten überflüssigen sowie auch überschüssigen Wasser-Mengen loswerden konnten.

Seine Bitte kam ihnen daher wie gerufen!

In Blitzes Eile formierten sie sich haargenau über der kleinen Wiese und setzten den nun wirklich nicht mehr zu ertragenen Fantasie-Geschichten aller Bewohner ein jähes Ende.

Ja, auf so eine Gelegenheit hatten sie sehnsüchtig gewartet und sie riefen sogar den Herrn Blitz und die Donner-Frauen zu Hilfe und veranstalteten froh gestimmt gemeinsam ein gekonntes und wunderschönes Donner-Wetter!

Die Wiesenbewohner konnten noch sehr lange ihren Kindern und Kindeskindern von diesem Ereignis berichten, denn es war viel größer und wesentlich schöner als alle Geschichten der Wiesen-Pflanzen sowie Gewächsen!

Und damit war aber auch zum Glück ihr nicht mehr anhörbares Geschwätz über ihre vornehme Herkunft erst einmal beendet.

Die Distel

Es war einmal, nach einer recht bedenklichen, ja beinahe erdrückenden und sogar beängstigen Stille, die sich nach dem glücklich überstandenen Unwetter eingestellt hatte, als sich eine Stimme, die zwar nicht so laut und angeberisch klang wie die von Herrn Klee, aber doch durchdringend und Respekt einflößend durch die Blüte bis hinunter zum Stiel und der Wurzel einer jeden Pflanze ging, Gehör verschaffte.

„Es ist doch wirklich unzumutbar für jedes Gewächs, das auch nur über ein klein wenig Verstand sowie Vernunft oder Bildung verfügt, sich gezwungenermaßen das Gefasel dieser unbedeutenden pflanzenähnlichen Schöpfungen, die ebenso langweilig wie nichtssagend sind, mit anhören muss!

Ohne anzugeben, stamme ich jedenfalls aus einer Adelsfamilie, die über mehrere zusätzliche Zusatz-Namen verfügt, um überhaupt meinen gesamten Vorfahren auch nur ein klein wenig Ausdruck und Ehrerbietung zu erweisen!

Es ist wirklich nur ein klitzekleiner Hinweis um zu beweisen, dass ich trotzdem völlig bescheiden und unauffällig bin.
Wir verfügen nämlich über folgende Namen:

Die Kratzdistel, die Kugeldistel,
die Milchfleckendistel,
die Golddistel, die Edeldistel,
die Elfenbeindistel,
die Mariendistel, die Gänsedistel,
die Ring-Distel,
die Färberdistel, Die Eseldistel
sowie die Gänsedistel!

Es handelt sich hierbei übrigens nicht nur um einfache Namen, sondern sie sind außerdem auch noch die National-Blumen von Schottland und zieren sogar deren Wappen!

Außerdem stehen sie für Stolz und Standhaftigkeit der Schotten!

Der Vollständigkeit Genüge zu tun, muss ich jedoch ebenfalls noch darauf hinweisen, dass es sogar wunderschöne Lieder und Gedichte über mein Adels-Geschlecht gibt!

„Dann geh doch wieder zurück nach Schottland“

schrie nun völlig außer sich das für seine Schweigsamkeit sowie auch Bescheidenheit und Zurückhaltung wiesenbekannte Gänseblümchen.

„Ich habe mir sogar schon einige Blütenblätter vor Aufregung vom Kopf gerissen so sehr musste ich mich aufregen!

Wenn diese dämliche Distel nicht sofort die Wiese verlässt, dann ....“

„Was dann“ fragten alle Wiesen-Pflanzen sehr neugierig.

„Dann verlasse ich die Wiese sofort freiwillig!“

„Ist das ehrlich gemeint und nicht so ein blöder Gänseblümchen Spruch“ mischte sich nun die Kuh Kunigunde ins Gespräch die keiner hatte weder hören noch fühlen können aber sie weilte trotzdem plötzlich sowie unübersehbar unter allen Wiesenbewohnern.

„Ich verspüre gerade ein unbändiges Verlangen nach einem leckeren Nachtisch!
Da käme mir ein leckeres Gänseblümchen gerade recht! Komm, lass Dich einmal mit meiner langen Zunge umzingeln, damit ich einen Vorgeschmack von Deiner Zartheit und Deinem Schmecker-Angeber-Geschmack erhalte!
Ich liebe nämlich Gänseblümchen über alles!"

„Wo kommst Du denn so plötzlich her" fragten alle Wiesenbewohner entsetzt!

„Nun ich stehe schon eine ganze Weile hier und bin – glaube ich auch – zumindest nicht zu übersehen!
Wenn Euch Euer Leben lieb ist, dann verschließt endlich Euer Mundwerk, denn Ihr habt mich gerade bei meiner überaus wichtigen Wieder-Verkau-Arbeit unterbrochen!
Ich verfüge nämlich über 7 Mägen, falls Euch das immer noch nicht bekannt ist, und habe ständig etwas zu zerkauen sowie zu verarbeiten!
So ein kleiner Nachtisch als Wiedergutmachung käme mir wirklich nicht ungelegen!

Also, wer opfert sich freiwillig?"

„Verschwinde“ riefen nun alle Wiesenbewohner entsetzt!
„Wir haben uns nur ein wenig unterhalten und unser Wissen ergänzt oder besser gesagt, erweitert!
Wir benötigen keine Hilfe!“

„Dann will ich Euch mal glauben, denn ich bin nicht gerade in der Stimmung, in der ich sein muss, wenn ich mich zum Wiederkäuen hinlegen muss!
Ich wollte gerade einen klitzekleinen Erkundungs-Spaziergang unternehmen, also setzt Euren Glücksmoment nicht aufs Spiel denn wenn ich wütend bin, hilft Euch auch kein vierblättriges Kleeblatt

Das ist übrigens auch nur eines Eurer Lügen-Märchen!

Ich bin keine dumme Kuh, merkt Euch das, sonst verspeise ich Euch alle zum Nachtisch!

Ich kann – wenn ich will – übrigens jeden von Euch verschlingen, vergesst das nie, Ihr dummen nichtsnutzigen Wiesen-Kräuter oder Blumen.

Ich bin größer als Ihr alle zusammen, also beruhigt Eure Gemüter!
Genießt das Leben, so lange Ihr könnt, sonst verspeise ich Euch doch noch eines Tages zum Nachtisch!"

„Muh" ich habe gesprochen!"

Platsch machte es und die Kuh Kunigunde schiss erneut einen riesengroßen Haufen vor den Ein- sowie auch Ausgang der Wiese und schritt dann fröhlich ein Lied vor sich hin muhend des Weges.

Die Brenn-Nessel

Es war einmal, als auf der Wiese eine längere Ruhepause eingetreten war, bevor sich erneut eine sehr eigenartige Pflanze zu Worte meldete, von der eigentlich bisher keiner Notiz genommen hatte. Ja sie war sogar als die Pflanze „Namenlos“ bekannt, die unter den Grashalmen kaum oder sogar überhaupt nicht auffiel und daher auch einfach von allen bisher übersehen wurde.
Das entsprach allerdings nicht so ganz der Wahrheit, denn der wahre Grund bestand darin, dass jeder, der einmal – sogar nur aus Versehen in ihre Nähe gekommen war – sofort einen äußerst albernen Hüpf-Tanz aufführte und dann natürlich in Zukunft einen großen Bogen um die Pflanze Namenlos machte.
„Ich gehöre übrigens einer Familie an, die mindestens 30 bis 70 verschiedene Verwandte hat und mit der fast jeder Mensch schon einmal mehr oder weniger gewollt, eine nähere Bekanntschaft gemacht hat!“
So ertönte auf einmal eine sich in die Haut einbrennende eigenwillige leider nicht näher zu beschreibende kratzige Stimme.

„Von meinen grünen vorzeigbaren Pflanzenteilen, sind allerdings leider mindestens 10 bis 300 Zentimeter mit Brenn- und Borstenhaaren besetzt, die sehr unbeliebt sind, denn wer mit ihnen in Berührung kommt, wird mit schmerzhaften Quaddeln beglückt, die auch noch entsetzlich jucken können.
Trotzdem bin ich als Frühjahrs-Gemüse bei den Menschen sehr beliebt, aber natürlich nicht als Roh- sondern als Koch-Gemüse.

Der Aberglaube verspricht sogar, dass ein Brenn-Nessel-Gemüse vor Geldnot schützt!

Außerdem wurden sogar einmal Textilien aus Brenn-Nesseln hergestellt und um die Jahre 1900 herum, bezeichnete man uns als:

„Das Leinen der armen Leute“

Ich war sogar eine Heilpflanze und als Gemüse äußerst beliebt!
Am Grün-Donnerstag war ich außerdem als ein traditionelles Mittag-Essen bei einer gewissen Menschengruppe bekannt, die einem besonderen Glauben angehörte!

Wer 5 Blätter von mir, der Brenn-Nessel, in der Hand hielt, war sogar, dem Aberglaube zu Folge frei von Furcht und behielt in jeder Lebens-Lage einen kühlen Verstand und wer am Johannestag Brenn-Nessel-Pfannkuchen aß, der war außerdem auch gegen Nixen- sowie Elfenzauber gefeit.
Am 1. Januar befreite ein Brenn-Nessel-Kuchen die Menschen sogar von Furcht und bescherte jedem ein gutes und gesegnetes Neues Jahr!“

„Sag mal, hast Du das alles etwa auswendig gelernt?
Du hast es ja förmlich heruntergeleiert, als wenn Du den Vortrag bezahlt bekommst!

Oder hast Du etwa mit der Kuh Kunigunde eine Abmachung getroffen, dass Du uns so lange mit Deinem langweiligen Quatsch unterhältst, bis sie hier plötzlich wieder als Überraschung auftaucht?
Steckst Du vielleicht mit ihr unter einer Decke oder besser gesagt, unter einem Euter?

Los, sag die Wahrheit“ empörten sich nun fast alle Wiesenbewohner die offensichtlich nicht so viel von der Erzählung mit den juckenden Quaddeln der Brenn-Nessel hielten.

Diese hüllte sich allerdings nun beleidigt in Schweigen, denn dass sich keiner so richtig über ihren Vortrag freute oder aufregte, empörte sie schon und sie schwor im Geheimen, dass sie sich bei jeder einzelnen Angeber-Pflanze mit einer besonders juckenden Quaddel rächen würde, ganz bestimmt sogar!

‚Aber noch viel mehr ärgern werden sich gleich alle angeberischen Pflanzen, wenn ich ihnen noch eine wirklich humorvolle Geschichte über mich und das Geheimnis einer Freundschaft zwischen zwei Lauben-Piepern erzähle, die ich einmal zusammengebracht habe und die bis heute hält.

Ich habe sie bis jetzt nur stumm in meinem Herzen getragen und noch nie erzählt.
Damit werde ich Euch aber alle zum Schweigen bringen denn das ist die lustigste und lehrreichste Geschichte, die ich wirklich einmal selbst erleben durfte.‘

Zwei Laubenpieper
und ihre Liebe zur Brennnessel

Es war einmal an einem heißen Sommertag. Hotte kniete auf der Erde und rupfte im Schweiße seines Angesichtes Unkraut aus den Beeten und Wegen seines Heiligtums dem Schrebergarten.

Die Luft war drückend schwül und eine Invasion kampfesfreudiger, feindseliger Mücken zog enge Kreise um seinen Körper und versuchte verbissen, auf ihm zu landen, ihm das Blut auszusaugen und dicke schmerzende sowie unangenehm juckende Pusteln zu hinterlassen.

Hotte wurde von Minute zu Minute wütender, denn durch diese Angst einflößenden Attacken ging die Arbeit nicht so zügig voran, wie er es sich vorgestellt hatte.

Immer wieder musste er sich den Schweiß aus dem Gesicht wischen, der seine Augen verklebte und die Gummihandschuhe abstreifen, die er sich zum Schutz über die Hände gezogen hatte.

Leider versuchen nicht nur die Mücken, ihn aus der Luft anzugreifen und zu piesacken, nein auch die Brenn-Nesseln in jeder erdenklichen Größen-Ordnung machten sich in seinem Garten breit und eröffneten ebenfalls ein Feuer von feurigen und flammenden Feindseligkeiten gegen ihn.
Sie machten ihrem Namen alle Ehre und brannten grauenvoll auf der Haut, wenn er sie nur ganz leicht berührte.
Hotte fühlte sich daher mit diesen Gewächsen ebenfalls in einem unerbittlichen Krieg und seine empfindsamen Nerven zerrten so heftig an ihm, dass er ernstlich befürchten musste, sie würden ihn über kurz oder lang in Stücke reißen.

Das alles hätte er ja gerade noch mit äußerster Willensbeherrschung ertragen können, wenn ihn nicht eine dritte Tortur gänzlich den Verstand geraubt und sein Blut zum Kochen gebracht hätte.
Während er sich nämlich wie ein Regenwurm auf der Erde fortbewegte, lag sein Nachbar Krause doch tatsächlich wohlig im Liegestuhl und ließ sich genüsslich von der glühenden Sonne bräunen und braten, was Hotte deutlich am Geruch von eingeöltem, hauchzart gegrillten Menschenfleisch wahrnehmen konnte.

Die Nasenflügel von Hotte bebten bereits leicht aus verhaltener Aggression, die sich ganz langsam in seinem Körper ausbreitete.
Dazu kam ihm just in diesem Moment zu allem Überfluss auch noch der Bibelspruch:

**„Die Sonne scheint auf
Gerechte und Ungerechte"**

in den Sinn, der ihn ebenfalls höllisch aufregte.

„Nein, so kann es auf keinen Fall weitergehen" murmelte er halblaut.
„Ich bin doch nicht auf der Welt, um auch noch die Plagen, Qualen sowie Strapazen meines Nachbarn auf mich zu nehmen und aus der Welt zu schaffen.
Der darf sich doch nicht einfach in der Sonne räkeln, während ich mich zusätzlich noch mit seinem Unkraut abplagen muss, das meinen Garten bevölkert und sich bei mir tatsächlich wie zu Hause fühlt.
Ich bin doch kein Depp, ich kenne mich in der Welt aus und verlange Gerechtigkeit!
Diese Ungerechtigkeit kann ich einfach nicht ohne Widerspruch hinnehmen!"

Hotte riss noch aufgebrachter und gereizter die Brenn-Nesseln aus der Erde und überlegte nun krampfhaft, wie er Krause endlich dazu bringen konnte, sich zu besinnen, was seine verdammte Pflicht und Schuldigkeit war!

Leicht und beschwingt ertönten jetzt auch noch ‚Berliner Melodien' aus dem Kofferradio.
Krause sang mit einer nicht zu überhörenden, froh gestimmten und leider nicht mal übel klingenden Stimme flott und munter mit:

„Untern Linden, untern Linden
gehen spazieren die Mägdelein.
Wenn Du Lust hast, anzubinden,
dann spaziere hinterdrein!"

„Ja, das könnte Krause so gefallen, sich jetzt fidel und aller Sorgen ledig, an die flotten Mädchen heran zu pirschen, wenn auch nur gedanklich.

Das ist eine unverzeihliche Zuwiderhandlung, die nach schonungsloser Bestrafung schreit.

Bienen und Fliegen ist es erlaubt, im Garten zu summen aber dies gilt keinesfalls für meinen gut gelaunten aufgekratzten Nachbarn.
Der verstößt einwandfrei gegen die Moral aller Natur liebenden Gartenbesitzer!

Radio-Musik und menschliches Gebrumme sowie Gesumme verdrängt bekanntlich den melodischen Vogel-Gesang, das Zirpen der zarten Grillen, das Summen der Bienen, Rauschen der Bäume und überhaupt alle harmonischen friedlichen Töne in der freien Natur!

In meinem Garten will ich neue Kräfte sammeln, genesen, regenerieren und entspannen!
Ich glaube, das nennt man heute Relaxen!
Jawohl, das will ich tun und das kann ich auch verlangen, das steht mir zu!

Also Schluss mit den üblen und unerquicklichen Missklängen“ schnaubte Hotte wütend!

Krause dachte aber überhaupt nicht daran, sich natur- und artengerecht zu benehmen.
Er öffnete nun auch noch recht geräuschvoll eine Bier-Dose!

Nach einem kräftigen Schluck ließ er nach einer kleinen, wohltuenden Ruhepause die Luft weithin hörbar durch die Speiseröhre sowie aus seinem geblähten Bauch wieder genussvoll entweichen.
Hotte erregte sich über dieses gesetzwidrige Benehmen so sehr, dass er wild um sich schlug und tatsächlich auf seinem entblößten Oberkörper mit schallendem Geklatsche fünf Mücken auf einen Schlag erledigte.

„Nun, das ist ein Anfang“ freute er sich.
„Das tapfere Schneiderlein hat zwar 7 Fliegen auf einen Streich getroffen, aber zwei weitere Mücken schaffe ich heute auch noch spielend, wenn sich Krause weiterhin so zermürbend, stressig sowie aufreibend benimmt.
Er ist wirklich eine lästige Nervensäge, bedeckt einfach mit einer Sonnenbrille seine Augen und verhält sich so, als gehe ihn sein eigenes Unkraut überhaupt nichts an.

Unkraut setzt sich nun mal unausweichlich unkalkulierbar und unabänderlich über jeglichen Ordnungssinn der Menschen hinweg und blüht und grünt einfach gedankenlos dort, wo es ihm gerade passt.

Es ist ohne Respekt und Achtung vor der Arbeit eines Gartenbesitzers.
Es wuchert sogar durch Krauses Maschendraht-Zaun und überfliegt respektlos die oberhalb befestigte Stacheldraht-Abgrenzung.
Unkraut ist sehr böse und muss daher vernichtet werden, wo immer es angetroffen wird und es ist die heilige Pflicht eines jeden Menschen, seinen Garten sauber und rein zu halten, bevor er sich auf einen Liegestuhl legt, um den Feierabend zu genießen“ wetterte Hotte nun noch entrüsteter.

Nach einer unheilvollen, schweigenden Gedenk-Minute beendeten schlurfende Schritte auf dem Kiesweg abrupt die laut gedachte Gedankenkette von Hotte und er sah voller Schrecken Krause auf sich zukommen.

Dieser hielt eine Dose Bier in der Hand und schaute interessiert und begierig auf den zu einer beachtlichen Höhe aufgetürmten Unkrautberg.

„Darf ich“ fragte er sehr höflich und ohne eine Antwort abzuwarten, stopfte er die Brenn-Nesseln in eine große Plastiktüte, die er sich extra für diesen Zweck mitgebracht hatte.

„Sie sind doch einverstanden“ lachte er dann gut gelaunt, drückte Hotte die Dose Bier in die Hand und meine gönnerhaft: „Ist doch kein schlechter Tausch, dafür hat sich die Arbeit doch gelohnt, oder etwa nicht?“

„Heiliger Strohsack“ stöhnte Hotte.
„Was wollen Sie mit meinem Unkraut, doch nicht etwa wieder in Ihrem Garten einpflanzen?“

„Witzig, witzig“ spöttelte Krause.
„Nein, das nicht, aber ich werde mir sofort damit einen Tee aufbrühen.
Ich bin nämlich krank geschrieben, weil ich, na ja, es ist mir schon ein bisschen peinlich, Blasen- und Harnprobleme habe.

Mein Hausarzt hat mir unter anderem als gutes Hausmittel „Brennnessel Tee“ verordnet.
Ich habe mich auch sofort mit einigen Packungen eingedeckt, aber der Apotheker meinte, dass frisch gepflückte Brenn-Nessel-Pflanzen ein absoluter altbewährter Knüller sind.
Sie sind sozusagen ein Volltreffer der Natur und können die Heilung tatsächlich um ein Vielfaches beschleunigen.

Wie ich nun voller Freude und Genugtuung sehe, haben Sie im Schweiße Ihres Angesichtes für mich diese Heilkräuter gesammelt.

Da ist einfach genial und zeugt von einem guten Nachbarschaftsgeist!“

„Heilkräuter“? stammelte Hotte völlig außer sich und starrte Krause ungläubig an.

„Ja, es sind sogar junge Pflanzen dabei, die besonders wertvoll sind, weil sie noch nicht geblüht und daher alle Kraft in ihren Blättern gespeichert haben.
Sie sind wirklich ein Schatz und ein richtiger Glücksfall für mich!“

Hotte öffnete die Dose Bier, trank sie mit einem Zug leer und stammelte verständnislos:

„Soll ich die Brenn-Nesseln ab jetzt für Sie etwa in meinem Garten züchten?

Vielleicht auch noch pflegen, täglich begießen und die blühenden Pflanzen dann in einer Vase gefällig drapieren?

Da sind Sie aber schief gewickelt Krause denn das ist natürlich Quatsch mit Soße!
Ich bringe die Pflanzen wie immer auf den Misthaufen, denn da gehören sie hin!
Und Sie sind für mich nichts weiter als ein alter Klugscheißer!

Ich falle auf Ihr Gefasel jedenfalls nicht herein!
Brenn-Nesseln sollen Heilpflanzen sein!!!

Nein ehrlich, so einen Blödsinn habe ich wirklich noch nie gehört!
Morgen früh werde ich aber als erstes meinen Apotheker aufsuchen!
Ich werde ihn ausführlich befragen, was bei Blasenschwäche zu tun ist, so auf natürlichem Wege und ich bin gespannt, was der mir erzählt!
Das wird bestimmt ein Gaudi!

Morgen lieber Krause, sprechen wir uns wieder!
Jawohl Krause, morgen!

Jetzt gehen Sie mir aber endlich aus der Sonne, Sie haben mich nämlich lange genug von der Arbeit abgehalten!“

Damit entfernte sich Hotte abrupt und auch Krause drehte seinem uneinsichtigen Nachbarn das Hinterteil zu und bewegte sich wieder in Richtung Liegestuhl.

Hotte ließ sich nach diesem aufwühlenden Gespräch einige Tage nicht mehr in seinem Garten sehen und es war ihm nur recht, dass der Wind jetzt die Samen seiner Brenn-Nesseln auch zu Krause hinüber wehte.
An einem der darauf folgenden Sonnentage jedoch geschah ein Wunder!

Beide Nachbarn lagen friedlich nebeneinander auf dem Liegestuhl und ließen der Natur freien Lauf.

Der Brenn-Nessel wurde nun Achtung und Ehre erwiesen und sie pflegten, hegten und ernteten zusammen die kostbaren Pflanzen.

Anschließen schlürften sie sogar friedlich den frisch zubereiteten, bekömmlichen, heilkräftigen und gesundheitsfördernden Tee ihrer „Heiligen“ Heilpflanzen.

„Am Ende geht es doch immer nur darum dass jeder rechtzeitig den Unterschied von Unkraut und einer echten Heilpflanze erkennen kann“
murmelte Krause sehr dankbar.

„Alles Weitere
ergibt sich dann ganz von selbst!“

Die Kuh Kunigunde und ihr Töchterchen Kuller-Äuglein

Es war einmal nach einer gewissen Zeit – genau bemessen sogar nach ungefähr 280 Tagen – in der sich die Kuh Kunigunde auf der Blumen- und Pflanzen-Wiese nicht mehr hatte blicken lassen!

Ihre Hinterlassenschaften, die alle Wiesen-Bewohner einmal ebenfalls in Angst und großen Schrecken versetzt hatten, waren zum Glück ebenfalls ausgeblieben, als sie Hand in Hand oder besser gesagt, Huf in Huf mit einem kleinen Ebenbild ihrer selbst erneut der Wiese einen überraschenden Besuch abstattete.

Was war geschehen?

Was führte sie im Schilde?

Oder besser gesagt im Euter oder noch präziser ausgedrückt in ihrem hinteren Hinterteil?

Eine nicht unbegründete Angst verbunden mit einem ebenfalls überhaupt nicht eingebildeten Schrecken verbreitete sich in Windes-Eile über die bisher überaus friedliche Wiese und ließ alle Pflanzen- und Blumengewächse leicht vibrieren!

Dann aber blieben die Blicke aller, tatsächlich der gesamten angesiedelten blumenartigen oder sonst mit verwandtschaftlich ähnlich verbrüderten Arten bekannte Gewächse, an ihrem brav am Huf führenden kulleräugigen Klein-Ebenbild hängen!

Ja, so mochte sie gewiss einmal ausgesehen haben, als sie noch jung und kuschelig als kleines Kälbchen auf der Wiese herumtollte.
Aber das war bereits vor einer kleinen Ewigkeit!

Also, was sollte dieser höchst ungewöhnliche und sogar mit einem friedlichen Schleier der Nächstenliebe überzogene Besuch der Kuh Kunigunde?

Tatsächlich, die Wiesenbewohner verfügten genau über den richtigen Riecher oder noch präziser ausgedrückt, sie hatten wirklich hellseherische Fähigkeiten!

„Schaut und staunt“ begann die Kuh Kunigunde ihre ins stockende geratene Anrede an die Bewohner ihrer eigentlich allein rechtmäßig zustehende Wiese die sie daher auch noch vor ganz kurzer Zeit als ihr Eigentum angesehen hatte.

„Also, ich hatte mich ein wenig, aber wirklich nur ein klein wenig geschämt, dass meine kurze sowie auch knappe Begegnung mit dem Herrn Stier zu solch unerwarteten Begleiterscheinungen geführt hatte. Meine schmale Taille, auf die ich mit Recht stolz war, verformte sich aus unverständlichen Gründen plötzlich und ich sah tatsächlich wie eine schwangere Auster aus!

Na ja, nach beinahe 280 Tagen, das kommt nun wirklich nicht auf einen Tag mehr oder weniger an, brachte ich mit Hilfe meines Bauern, der auf diesen Fall eigenartigerweise bereits vorbereitet war, mein kleines kulleräugiges Kälbchen zur Welt, das mir wie aus dem Gesicht geschnitten und an Charme und Schönheit daher auch nicht zu überbieten ist.
Ich habe meinen Nachwuchs übrigens auf den wunderbaren und wunderschönen Namen „Kuller-Äugelein“ getauft!

Er steht nun auf noch ein wenig zittrigen Beinen neben mir und wünscht sich aus tiefstem Herzen von Euch – einander so liebhabenden Pflanzen – ebenfalls in euer mitfühlendes Herz geschlossen zu werden.
Es könnte nämlich einmal geschehen, dass ich es mit schwerem Herzen völlig alleine zurücklassen muss, denn ich bin nämlich dazu ausersehen, was natürlich eine riesengroße Ehre für mich ist, einige Liter meiner hervorragenden Milch für die notleidenden Menschen zu spenden.

Dann benötige ich natürlich Euch einander sehr lieb habende Pflanzen als Aufsichts-Personen, die ihre Pflicht ernst und gewissenhaft ausüben!

Ihr seid ebenfalls die Vorbilder meines Lebens und ich vertraue Euch daher blind mein kleines Kälbchen Kullerauge an!“

Mit so viel Ehre überschüttet zu werden, das hätten natürlich alle Wiesenbewohner nicht erwartet!
Jeder einzelne Grashalm auf der Wiese, auf der sich die ausgefallensten Gewächse tummelten, erzitterte nun bis zum Ende seiner Wurzelspitze!

Waren ihre verzweifelten Versuche, sich als das schönste, beste oder sogar ausgefallenste Gewächs oder Geblüt zu empfinden, nun endgültig für die Katz oder besser gesagt, für die Kuh?

So ein entzückendes treuherzig blickendes Kälbchen rührte natürlich jedes Herz der unterschiedlichsten Pflanzen und ließ daher auch sofort jegliche Diskussion verstummen!

Alle, wirklich jedes noch so erhabenes, einmaliges, fürstliches, adliges, aristokratisches oder hochwohlgeborenes Gewächs verstummte völlig ergriffen, nachdem es in die kugelrunden Kuller-Augen des Kälbchen Kuller-Äugelein geblickt hatte.

Mit einem einzigen Blick hatte das Kälbchen Kuller-Äugelein alle Pflanzen verzaubert und das für immer und ewig!

Na ja, sie wussten ja noch nicht genau, was ewig bedeutet, sonst hätten sie sicher ein zutreffenderes Wort gewählt, um ihre Hochachtung sowie Ehrerbietung auszudrücken, die wirklich jedes Wort ihres Sprach-Gebrauches sprengte!

Ihre Gehirnkästen hatte diese Nachricht wie ein Wirbelwind durchtobt und sie fühlten sich alle ein wenig trunken vor Glück und mit unbekannten Gefühlen überschüttet, weil ihnen so eine gefühlvolle Aufgabe von der Kuh Kunigunde persönlich anvertraut wurde!

Damit hatte natürlich keiner gerechnet, denn schließlich waren sie ja einmal nicht als die allerbesten Freunde auseinander gegangen.
Ganz im Gegenteil!

Die Kuh Kunigunde hatte einmal ihnen allen unmissverständlich klar gemacht, was sie von ihrem Gelaber über Geburtsrecht und so weiter und so fort hielt und sie mit einem gewaltigen, nicht gerade nach Veilchen duftenden Kuhfladen zu Schweigen gebracht.

Das alles war aber in diesem Moment wie vom Winde verweht und jeder einzelne Grashalm fühlte sich wie am Bauch gepinselt und wechselte sogar seine natürliche Körperfarbe von prall-grün bis hin zu einem schimmernden, glimmernden grün-gold-bläulichen Ausdruck seiner Freude sowie Bewunderung.

Jeder verneigte sich nun nicht nur gedanklich sondern voll sichtbar vor der Kuh Kunigunde!

Ja, dieses völlige Auslöschen aller miesepetrigen Gedanken sowie auch Worte, die einmal von der Kuh Kunigunde gedacht und sogar hörbar für alle aus ihrem Gehirnkasten gesprungen waren, hatte der Wind, der sie alle mit seiner sanften Brise leicht hypnotisiert hatte, vollkommen ausgelöscht und sogar auf eine andere Wiese in der Nähe schnell weiter transportiert

Dort wunderten sich alle außerordentlich, von welchen Gedanken-Blitzen sie überraschend – wie aus dem Nichts kommend – urplötzlich getroffen wurden.
Ja, sie glaubten sogar an ein Wunder der besonderen Art, von dem sie berührt wurden und fühlten sich ebenfalls auserwählt, so dass sie sich ab diesem denkwürdigen Tag um sehr Vieles farbenprächtiger und saftiger zur Schau stellten.

Ja, dies alles hatte das kleine Kälbchen Kullerauge mit seinen nicht zu übersehenden Kulleraugen bewirkt und dabei hatte es nicht einmal irgendeinen Ton von sich gegeben!

Es stand nur als kleiner Winzling und Ableger der gewaltigen Kuh Kunigunde vor ihnen.

Zum Glück war klein Kullerauge jedoch noch völlig unschuldig und daher auch nicht in der Lage, irgend einen meistens sogar noch völlig unnützen Gedanken aufzufangen und dann auch noch zu verarbeiten.

Ja, das war ein großes Glück für alle, aber das wussten sie noch nicht!

Das Schicksal begann jedoch schon, erneut sein Fäden zu spinnen !!

Birnen und Äpfel am Pflaumenbaum

Es war einmal ein Birnbaum, ein Pflaumenbaum und ein Apfelbaum, die friedlich ebenfalls noch auf der Wiese - ganz dicht neben den Heil-Kräutern - im Garten des Bauern standen.

Alle drei Bäume standen so dicht nebeneinander, dass ihre Wurzeln fest ineinander verästelt waren und keiner mehr so richtig wusste, was nun eigentlich zu wem gehörte.

Mit ihren Ästen erging es ihnen genau so und daher konnten sie zur Erntezeit mit einer echten Sensation aufwarten!
Dann sah es nämlich genau so aus, als ob der Birnbaum auch Pflaumen und der Pflaumenbaum sogar rotbackige Äpfel trüge.
Das war sehr ungewöhnlich und es geschah daher recht häufig, dass die Spaziergänger, die am Garten des Bauern vorbeigingen, neugierig stehen blieben und sich verwundert dieses einmalige und eigenwillige Früchte-Durcheinander anschauten.

Sie interessierten sich natürlich sehr über die außergewöhnlichen Fähigkeiten dieser drei Obst-Bäume!
Natürlich hatten sie aber auch ihren hellen Spaß daran, dass sich diese drei Bäume in keiner Weise an die Regeln der allgemeinen Baum- sowie auch Früchte-Ordnung hielten.

Die drei Bäume wunderten sich zwar sehr oft über die lebhaften Diskussionen, die häufig von Spaziergängern an ihrem Gartenzaun stattfanden, störten sich aber nicht sonderlich über die verschrobenen Meinungen der Menschen.
Sie waren gute Freunde und hatten gemeinsam schon manchem Sturm, Blitz und Donner getrotzt sowie auch Sonnenschein, Regen, Schnee, Hagel, Hitze und Kälte gemeinsam über sich ergehen lassen.
„Eigentlich sehr merkwürdig“ begann an einem Morgen jedoch der Birnbaum das alltägliche Gespräch:
„Habt Ihr Euch schon einmal darüber Gedanken gemacht, dass wir alles miteinander teilen?
Wir ernähren uns von der gleichen Luft und der gleichen Erde!

Ja wir erleben sogar das Gleiche und trotzdem sehen unsere Früchte nicht gleich sondern recht unterschiedlich aus!
Sie haben abweichende Formen, Größen, Farben und sogar andere Namen!
Wenn ich mir das alles durch meinen Wipfel gehen lasse, komme ich leider immer wieder zu folgendem Schluss:
Wir dürften auf gar keinen Fall unterschiedlich aussehen, sondern müssten selbstverständlich Früchte von der gleichen Art, Form und natürlich auch Farbe tragen!"

„Du hast Recht" raschelte der Apfelbaum.
„Du bist wirklich lebensklug!
Woher bekommst Du nur immer diese reifen Gedanken?"

„Ehrlich gesagt, habe ich mir diese Frage schon sehr lange gestellt und auch meinen Ahnherrn befragt, der mir oft im Traum erscheint und bis jetzt immer eine Antwort auf meine wirklich sehr unterschiedlichen, vielen Fragen wusste.
Diesmal konnte er mir allerdings nicht helfen!

Ganz im Gegenteil!

Er hat mich tatsächlich total verwirrt!

Er erklärte mir nämlich, dass es nur Birnbäume auf der Welt gibt und er von Äpfeln und Pflaumen noch nie etwas gehört hätte.
Er behauptet sogar, dass es sich bei diesen beiden Sorten nur um einen neumodischen Kram handelt.
Der einzige echte und wahre Baum ist und bleibt natürlich der Birnbaum!“

„Das finde ich aber überhaupt nicht nett von Deinem Ahnherrn“ rief der Pflaumen-Baum nun recht entrüstet.
„Ich bin kein neumodischer Kram, denn ich stehe genau so lange in diesem Garten wie Du!
Folglich könnte ich genauso darauf bestehen, dass es keine Birnbäume gibt und der einzige wahre Baum der Pflaumenbaum ist!

Nur behaupte ich so etwas nicht, weil ich das doof finde, und mein Uropa so einen Quatsch auch niemals erzählen würde!“

„Ja, das stimmt, in diesem Fall muss ich unseren Pflaumenbaum unterstützen“ warf nun ebenfalls ärgerlich der Apfelbaum ein.

„So einen unvergleichlichen Blödsinn würde nicht einmal meine Großmutter verzapfen.
Dein Ahnherr scheint nicht mehr ganz richtig zu ticken, sonst könnte er so einen Schwachsinn auf keinen Fall behaupten!“

Jetzt wurde der Birnbaum aber richtig wütend und donnerte die anderen beiden Bäume an:
„Das ist eine Beleidigung!
Ihr seid nicht mehr meine Freunde, wenn Ihr das nicht sofort zurücknehmt!“

„Nein, Du verabschiedest Dich sofort von Deinen dummen Behauptungen!

Was ist nur in Dich gefahren“ wetterten empört der Apfel- und Pflaumenbaum einstimmig.
„Schließlich sind wir hier doch alle drei am selben Tag zur Welt gekommen und könnten daher so etwas ebenfalls von uns behaupten!

Wenn Du nämlich tatsächlich die Wahrheit sagst, dann dürfte jeder von uns der Größte sein!

Wir glauben das aber nicht, denn das ist albern, dumm und lächerlich!“

„Ich bin aber trotz Eurer Proteste der gewaltigste und bedeutungsvollste Baum“ beharrte stur der Birnbaum.
„Euer Gezeter ändert an dieser Tatsache leider überhaupt nichts!
Ich habe nun mal nachweisbar die üppigsten und bewundernswertesten Früchte, wie Ihr ja auch sehen könnt!
Ihr werdet Euch wohl oder übel damit abfinden müssen!
In Wirklichkeit gibt es eigentlich nur Birnbäume!
Dieser Gedanke ist für mich ganz normal.
Vielleicht sind Eure Früchte ja tatsächlich etwas verkrüppelt oder sogar verfärbt!
Möglich wäre das schon, denn wer so neidisch auf eine ganz banale Wahrheit reagiert, kann einfach nicht von edelmütiger und nobler Natur sein und natürlicherweise auch niemals mit so prächtigen Früchten gesegnet sein, wie ich!“

„Du spinnst, mir reicht es jetzt, mit Dir will ich nichts mehr zu tun haben“ entschied nun erbost der Pflaumenbaum und zog seine Äste energisch aus dem Birnbaum zurück, so dass dieser nun ganz alleine dastand und ziemlich töricht und dümmlich dreinschaute.

„Das mache ich auch mit Dir“ entschied der Apfelbaum verärgert und zog daraufhin ebenfalls seine Äste ganz eng zu sich heran.

Dabei bemerkte er aber, dass der Birnbaum gar nicht neben ihm stand, sondern der unschuldige Pflaumen-Baum, der ihm ja eigentlich überhaupt nichts getan hatte.
Über diesen Irrtum musste er so heftig lachen, dass er seine Äste nicht mehr halten konnte.
Dabei verästelte er sich aufs Neue wieder mit dem Pflaumen-Baum freundschaftlich.

Ja, und dann bekamen alle drei einen Lachkrampf. Sie rüttelten und schüttelten sich so sehr, dass die Vögel verwundert im Fluge innehielten und der Wind vor Schreck beinahe seine Hose verlor, als er das viele Fallobst sah, das die drei Bäume unter sich geworfen hatten.

„Wir sind schon richtige Pflaumen“ bemerkte nach einer langen Pause der Birnbaum.

„Beinahe hätten wir uns durch mein dummes Geschwätz richtig **entzweigt,** ich meine entzweit.

So etwas Dummes darf nie wieder vorkommen! Nie wieder!“

„Nie wieder“ schworen die Bäume und bewarfen sich vor Freude, dass alles noch einmal so gut ausgegangen war, völlig außer Rand und Band vergnügt und übermütig mit ihren Früchten.

Und damit herrschte wieder Frieden unter den drei Bäumen!

Jedenfalls bis zur nächsten akuten, drängenden, brennenden unaufschiebbaren sowie ernsthaften Meinungsverschiedenheit!

Birnbaum, Pflaumenbaum,
Apfelbaum im Garten,
in einer Reihe stehen sie
und warten, warten, warten!

Es war einmal ein Pflaumenbaum
in einem schönen Garten.
Niemals war er ganz allein,
zwei Freunde mit ihm harrten!

Der Birnbaum sprach: "Der Größte hier,
das ist wohl allen klar!
Das bin nur ich, nur ich allein!
Nur die Birne ist der Star!"

Die beiden andern schimpften laut
und ärgerten sich sehr:
"Wie kann der nur so duss'lig sein,
wo hat er das nur her?"

Sie zerrten mit den Ästen nun,
und ihr Obst warfen sie ab!
Das sah so fröhlich lustig aus,
da lachten sie sich schlapp!

J O C K E L

Es war einmal ein gewaltiger, einflussreicher, tonangebender und großmächtiger Kriegsherr, der über ein Volk herrschte, das ihm bereitwillig untertan war und tagein, tagaus seine Schönheit und seinen Mut bewunderte.

Jeden Morgen begab sich Jockel daher auf eine ansehnliche Anhöhe, von der aus er sein ganzes Reich überblicken konnte und ließ froh und unbeschwert seinen wohlbekannten und beliebten Sieges-Schrei erschallen.

Hier auf der obersten Spitze fühlte er sich wohl, hier gehörte er hin, hier war er das absolute und alleinige Staats-Oberhaupt, denn dies war sein Grund und Boden und kein Gericht der Welt konnte ihm diesen Platz streitig machen.

Nicht einmal das Katasteramt durfte sich hier einmischen, auch keine Behörde der Welt war für diesen Besitz zuständig, diese Anhöhe unterstand einzig und alleine nur ihm!

Sie hatte auch bisher alle Unwetterkatastrophen, Revolutionen, Kriege sowie Grenzverschiebungen überlebt und galt daher schon seit sehr vielen Generationen als uneinnehmbar.

Jockels Spitzenposition war daher auch niemals ernstlich gefährdet, denn es gab immer genügend Menschen, die dafür sorgten, dass dieser Hügel von Jahr zu Jahr noch höher und größer wurde.
Er hatte daher auch keinerlei Bedenken, jemals arbeitslos zu werden, denn es wurde so viel Mist in der Welt fabriziert, dass er voller Besitzerstolz jeden Tag auf seinen eigenen Misthaufen hinunter blicken konnte.

Jockel war nämlich der einzige Hahn auf dem stattlichen Bauernhof und somit rechtmäßiger Besitzer eines großen Misthaufens und äußerst ansehnlichen Hühnervolkes, das ihn grenzenlos liebte und verehrte.
Er lebte in seiner heilen Welt, begrüßte jeden neuen Morgen aus voller Kehle mit lautstarkem Krähen, ließ stolz seinen Kamm anschwellen, spreizte seine bunten Federn, drehte sich in die richtige Position und fühlte sich bedenkenlos und völlig selbstverständlich als Hahn im Korbe!

Dieses Gefühl des Glückes wäre Jockel auch niemals untreu geworden, wenn seinem Schöpfer nicht ein entscheidender Fehler unterlaufen wäre! Er hatte leider außer Jockel auch noch anderen Hähnen das Leben geschenkt und das konnte niemals gut gehen, denn ein richtiger Hahn weiß natürlich, was er sich und seinem Volk schuldig ist und kämpft und streitet für seinen Besitz.

Macht und Schönheit
werden bekanntlich nicht gerne geteilt
und ein Hahn ist für ein Volk
völlig ausreichend!

So entschied jedenfalls Jockel und rupfte seinem neuen Kollegen, der eines Tages auf dem Hof erschien, sämtliche Federn aus.
Er plusterte sich mächtig auf, hackte auf ihn ein und gab nicht eher Ruhe, bis sein Rivale wie ein geölter Blitz, panikartig die Flucht ergriff und sich aus dem Staube machte.
Danach kehrte er wieder siegreich auf seinen Misthaufen zurück und krähte seinen Erfolg noch unüberhörbarer und eindringlicher als bisher in die Welt hinaus.

Trotz seiner mit viel Erfolg angewandten Hack- und Rangordnung konnte Jockel nicht verhindern, dass einige der anderen Hähne auch Karriere machten. Sie konnten sogar noch höher empor fliegen und schafften es bis zu den Kirchturm-Spitzen des Landes. Von dort oben zeigten sie aller Welt an, woher der Wind wehte.

Diese Hähne waren naturgemäß sehr geachtet, weil ihre Vorhersagen immer stimmten!
Sie waren sich nämlich alle in einem Punkt einig, niemals etwas Unüberlegtes hinaus zu krähen und sich immer streng an das erste und oberste Gebot zu halten, das so lautet:

**„Du musst Dich immer
mit dem Winde drehen,
damit es Dir wohl ergehe
und Du allzeit auf der Höhe bleibst!“**

Diese Kollegen waren für Jockel unerreichbar und unantastbar und er ließ sie daher auch großmütig gewähren, denn sie waren zum Glück keine echte bedrohliche oder ernsthafte Gefahr für sein Volk und seinen Misthaufen.

Sie verbrachten die meiste Zeit damit, sich in schwindelnden Höhen um sich selbst zu drehen. Dadurch hatten sie auch ihr natürliches Krähen verlernt, ließen meistens nur noch ein klägliches, jammervolles und verrostetes Knarren hören und konnten daher auch nicht mehr zu den echten Streithähnen gezählt werden.
Aus diesem Grund schenkte Jockel ihnen auch kaum noch Beachtung und widmete sich ungestört seinem eigenen Mist.

Der Konkurrenzneid allerdings zwang auch ihn, eine Methode auszuklamüsern, um ebenfalls auf sich aufmerksam zu machen.
Er wurde daher **kräh-ativ** und entwickelte für das einfache Landvolk die Wettervorhersage.
Natürlich hielt er sich, genau wie seine Kollegen, immer an das erste und oberste Gebot, niemals etwas Unüberlegtes hinaus zu krähen.
Keiner wunderte sich daher auch über seine berühmte und immer zutreffende Vorhersage:

„Wenn der Hahn kräht auf dem Mist,
ändert sich das Wetter
oder es bleibt wie es ist!"

Diese Aussage hat bis heute an Aussagekraft nichts eingebüßt und wird sogar in seriösen Büchern abgedruckt.

Das Hühnervolk beteiligte sich an den Macht-Kämpfen von Jockel nicht und war stets froh und dankbar, wenn es unbehelligt unterhalb seines Mist-Haufens, die eigene Nahrung suchen durfte.

Dies war völlig in Ordnung, denn die Hühner-Schar liebte die Bequemlichkeit und legte daher keinen Wert darauf, sich unnötig zu beschmutzen oder zu verunreinigen.

Beim Aufstieg nach oben blieb erfahrungsgemäß nämlich immer etwas Mist an den eigenen Füßen kleben und das blieb ihnen bei ihrer Methode zum Glück erspart.
Sie waren ihrem Herrscher daher willig untertan und führten ein unauffälliges und zufriedenes Schatten-Dasein, das sie auf die Dauer aber wohl doch nicht so recht befriedigte, denn sonst wären sie wohl kaum eines Tages auf die unsinnige Idee gekommen, nach jedem gelegten Ei ein weithin hörbares und nicht enden wollendes Gegacker anzustimmen!

Das tägliche Eier-Legen war im Prinzip ja ihr ursprünglicher Lebenssinn sowie auch ihre Berufung und ihr Schicksal.
Da aber Jockel fortwährend krähte, um auf sich aufmerksam zu machen, blieb ihnen gar nichts anderes übrig, als sich ebenfalls lauthals mit irgendeiner Aktivität bemerkbar zu machen.
Nach dieser Erfindung fühlten sie sich dann auch tatsächlich befreit, beruhigt, entspannt, erlöst und

gleichberechtigt!

Durch diese Ereignisse ist es verständlich, dass bis heute auf Hühnerhöfen ein fortwährendes Gezeter, Gekrähe und Gegacker herrscht.
Jeder steht doch letztendlich unter dem Leistungs-Zwang, sein Bestes zu geben und alle anderen auch noch zu übertönen.

Wirklich keine leichte Aufgabe!
Offensichtlich auch keine,
die nur Hühnerhöfe betrifft,
denn schließlich sind alle Menschen
täglich lautstarken Querelen ausgesetzt,
auch wenn weit und breit
kein Hühnervolk zu sehen ist!

Wenn der Hahn kräht auf dem Mist!

Wenn der Hahn kräht auf dem Mist,
ändert sich das Wetter oder bleibt es wie es ist,
oder bleibt es wie es ist?

Wenn der Kirchturmhahn sich dreht,
dann zeigt er aller Welt
ja, woher der Wind jetzt weht!

Wenn dem Streithahn schwillt der Kamm,
rupft er den Rivalen
bis derselbe bricht zusamm'!

Wenn das Huhn macht groß Geschrei,
was denkt es sich dabei,
alles wegen einem Ei?

Wenn ein Mensch sagt, Du machst Mist!
Sag, änderst Du Dich dann,
oder bleibst Du wie Du bist?

Ostereier am Apfelbaum

Es war einmal an einem sehr sonnigen, strahlend freundlichen und heiteren Tag kurz vor Ostern.

„Kieke mal hie, kieke mal hie“ krähte Jockel, der aufgeplusterte Haus- und Hof-Hahn so hysterisch, empört und lautstark, dass es nicht zu überhören war und weit über die Grenzen seines eigenen Reiches schallte.

„Was ist los, was ist los“ gackerte Josephine, sein ihm auf immer und ewig untertäniges Suppen-Huhn ebenso unüberhörbar zurück.

„Komm sofort hierher, sofort!
Schau Dir das an, das hat die Welt, ja das ganze Universum noch nicht gesehen!
Das hat überhaupt noch kein Hahn, kein Huhn und keine Henne je erblickt“ krakeelte Jockel.

„Beeil' Dich etwas, leg' mal einen Gang zu und watschele nicht, wie eine lahme Ente!

Du kannst rennen, wenn Du willst!
Erst gestern sah ich Dich wie eine echte Olympia-Teilnehmerin sprinten, als Dir die oberdummen Hühner gepetzt hatten, dass ich ein klein wenig mit Julika, der aufregend jungen, knusprigen und topp fitten Henne geschäkert habe.
Also, komm in die Gänge Josephine, aber ein bisschen flott!"

„Sag einmal, bist Du nun völlig übergeschnappt" keuchte Josephine und wackelte aufgebracht mit ihrem Hinterteil wie eine schon lange aus der Mode gekommene Samba-Tänzerin.

„Du siehst ja zum Fürchten aus!
Bist Du etwa mit einer Kralle oder sogar beiden in die Steckdose gekommen, Dir stehen ja sämtliche Federn zu Berge!

Ich wünschte, Du könntest sehen, wie gruselig, schaudervoll und unheimlich Du ausschaust, Du würdest bestimmt vor Dir selbst davon laufen!

Oder hat etwa ein Gespenst Deinen Weg gekreuzt, Du bist ja völlig durch den Wind!

Rück' endlich mit der Sprache heraus, was bringt Dich so aus der Fassung, Du alter Zausel?“

„Na, was wohl?
Die Hähne der Nachbarschaft verkünden den himmelschreienden und haarsträubenden Skandal schon von den Dächern und Du gackerst hier herum und stellst dumme Fragen!
Lenke Deine Hühneraugen mal in die Richtung Apfelbaum, aber pass auf, dass Dich nicht der Schlag trifft, denn Du bist leider nicht mehr die Jüngste, wie wir alle wissen!
Schau aber ganz genau hin und dann erkläre mir, ohne eine lange Predigt zu halten, in wenigen Worten, wie die knallbunte Hühnereier-Deko an den Apfelbaum gekommen ist!
Ein blindes Huhn findet durch Zufall zwar auch mal ein Korn, aber es ist niemals in der Lage, einen Apfel-Baum bis zur Spitze mit mindestens 100 roten, grünen, gelben, blauen und bunt karierten Eiern zu dekorieren.
Und komm mir jetzt nicht wieder mit dem dummen Spruch, dass Du zu Höherem berufen bist, von einem farbenprächtigen Leben träumst und daher natürlich auch jederzeit vielfarbige Eier fabrizieren kannst.

Wir haben ja wohl bereits erschöpfend bis ins kleinste Detail ausdiskutiert dass dieses für Dich leider nicht zutrifft und daher unmöglich ist!"

„Du Schuft, Du Halunke, Du Lump, Du Gauner, Du Schurke, Du Spitzbube, Du Tunichtgut, Du Dieb, Du Fremdgeher, Du Betrüger, Du elender Wicht, Du Verbrecher!
Du willst mir wieder einmal Deinen Seitensprung schönkrähen, Du ------------"

Doch bevor Josephine ihre Schimpfkampagne zu Ende bringen konnte, kippte sie völlig entkräftet und mit ihren Nerven am Ende um und fiel der Breite nach ins frische grüne Frühlings-Gras.
Das hatte Jockel befürchtet, dass sich Josephine wieder mit einem vorgetäuschten Schwäche-Anfall aus der Verantwortung ziehen würde und krähte daher erneut seine angesammelte Wut und seinen aufgestauten Frust markerschütternd aus voller Kehle in den Himmel.

Durch diesen ohrenbetäubenden, alarmierenden Schrei, der durch Mark und Bein ging, machte sich die Hühner-Schar elektrisiert auf den Weg zu ihrem Herrn und Gebieter.

Sie nervte Jockel jedoch mit ihrem disziplinlosen, überdrehten, schrillen Gefrage und Gekeife so sehr, dass er sich knapp wie vor einem Gehör-Sturz, Flattermann oder Herzkasper fühlte.
„Warum dieses Aufsehen, dieser Wirbel und diese Dramatik? Bist Du etwa Deinem Spiegelbild begegnet“ erkundigte sich endlich empört und zornig Emma, die Anführerin der Hühnerschar.

Ihre Mitläuferinnen-Schar Jorinde, Julika, Juanita, Juliane, Jutta und Jessica scharten sich sofort im Kreis um die noch immer ohnmächtige Josephine und begannen unverzüglich mit einer Schnabel zu Schnabel-Beatmung sowie Herz-Massage.

„Ihr seid und bleibt blöde Hühner“ empörte sich Jockel überheblich.

„Ich habe Euch doch nicht wegen der dummen Josephine gerufen, die kippt doch wegen jeder Kleinigkeit aus den Krallen.

Nein, den Apfelbaum sollt Ihr Euch anschauen!

Könnt Ihr mir vielleicht erklären, wie über Nacht die bunten Eier an seine Zweige gekommen sind?

Wie könnt Ihr Euch nur erdreisten, ohne meine Erlaubnis diese Werbe-Aktion zu starten?

Ich habe Euch doch Demonstrationen und Zur-Schau-Stellungen jeglicher Art in meinem Revier für immer und ewig verboten!
Ich habe nämlich die Nase noch gestrichen voll von Eurer letzten Protestkundgebung und Euren Plakaten voller dummer Sprüche wie:

„Schluss mit den unehelichen Eiern“
„Jedem Männe nur eine Henne“
„Ich bin kein Huhn für eine Nacht“
„Ein Aus für die Mehr-Hennen Ehe“
„Nieder mit den
Macho- und Pascha-Hähnen“
und ähnlichem Schwachsinn!

Anstatt zu Ostern anständig, artig, ehrbar und brav, wie es sich gehört, ganz normale, übliche, landläufige Eier zu legen, habt Ihr schon wieder einen Weg gefunden, aus der Reihe zu tanzen, um auf Euch aufmerksam zu machen!

Diesmal seid Ihr aber zu weit gegangen!

Dafür werden wir alle noch im Kochtopf landen! Ihr werdet es noch erleben!

Nicht genug, dass der Nachbars-Hahn Friederich fortlaufend läppische, törichte Sprüche klopft, die ich mir anhören muss und die Euren Demo-Plattheiten gleichen wie ein Ei dem anderen.
Mit dieser lächerlichen Baum-Dekoration habt Ihr jetzt auf jeden Fall den Vogel abgeschossen!
Wie habt Ihr das überhaupt hinbekommen, Ihr dussligen Hühner?"

„Du könntest Dir ruhig auch mal ein paar neue Sprüche einfallen lassen, Du einfallsloser Pinsel!
Zum letzten Mal!
Wir sind keineswegs dumme, naive, närrische oder gar gedankenlose Hühner" beschwerte sich aufgebracht Emma.
„Ich will Deinen leeren Verstand aber gerne auffüllen und Dir noch einmal erklären, dass es für uns wirklich keinen Kraftaufwand bedeutet, einmal farbenprächtige Eier zu produzieren!
Wenn die violetten Veilchen, das grasgrüne Gras, die feuerroten Tulpen sowie dottergelben Oster-Glocken sich farbig kostümieren können, dann bekommen wir das erst recht auf die Reihe!

Das solltest Du Dir endlich einmal hinter die Ohren schreiben!
Wir sind nämlich sehr fantasievolle, ideenreiche, und erfindungsreiche Geschöpfe.
Tief in uns stecken daher Fähigkeiten, die so ein eingebildeter, unsensibler und unwissender Hahn wie Du es nun mal leider bist, natürlich niemals zum Leben erwecken kann!"

„Du lügst wie gedruckt, Emma!
Selbst wenn Du mit Deiner törichten Hühner-Herde die Eier irgendwo klauen konntest, so seid Ihr doch auf keinen Fall in der Lage, diese an dem Apfelbaum zu befestigen.
Dazu fehlt Euch nicht nur die nötige Intelligenz, nein zu dieser sportlichen Leistung müsstet Ihr auch schwindelfrei sein!

Mit Euren disharmonisch geformten Körpern könnt Ihr Euch außerdem niemals so hoch in die Lüfte schwingen!

Ich habe Dich erwischt Emma, jetzt bist Du mit Deiner Bauernfängerei, Deinem dummen Lügen-Latein und faulen Zauber am Ende!
Habe ich Recht?"

„Hör‘ endlich mit der Flunkerei auf“ schrie nun auch Josephine hysterisch dazwischen, die ganz kurzfristig aus ihrer Ohnmacht erwacht war, aber bei dem noch immer Ohren betäubenden Geschrei sofort wieder ihr Bewusstsein verlor.

„Dies ist kein Bluff oder Betrug, sondern die reine Wahrheit“ erboste sich Emma!
„Die Spinnen sind uns zu Hilfe gekommen und haben solide, strapazierfähige und unverwüstliche Halte-Vorrichtungen geknüpft.
Daran konnten die farbenfrohen Eier befestigt werden und die spaßige und quietschfidele Vogel-Schar, die auch einmal etwas Abenteuerliches und Spannendes erleben wollte, hat ohne Bitten und Drängen diese Aufgabe übernommen.

Dabei hat der gefiederte Hilfstrupp so schallend laut Frühlings-Arien geschmettert, dass sich jede Wagner-Opern-Aufführung in Bayreuth dahinter beschämt hätte verstecken müssen.
Und damit Ihr es alle wisst:
Dieses Happening habe ich mir extra für Jockel ausgedacht, damit er einmal eine eindrucksvolle, spektakuläre, phänomenale, überwältigende und extravagante Oster-Überraschung erlebt, kapiert?

Es ist auch völlig unwichtig, ob Ihr alle mir das nun glaubt oder nicht, an der Tatsache ändert es überhaupt nichts! Und übrigens: Jeder von Euch sollte sich wirklich einmal über folgenden klugen, Lebens erfahrenen, philosophischen und Weisheit besitzenden Spruch Gedanken machen:
„Es gibt mehr Dinge zwischen Himmel und Erde, als sich ein überheblicher Suppenhahn mit seiner spießigen Hühnerschar vorstellen kann!"
Nach diesen bedeutungsvollen, pathetischen und salbungsvollen sowie aus dem Rahmen fallenden Worten drehte sich Emma galant um ihre eigene Achse und verließ dann hocherhobenen Hauptes die verdutzte, verblüffte, fassungs- sowie auch sprachlose Hühnerschar und den närrisch sowie dümmlich und albern aus der Wäsche schauenden Jockel, der seine rebellierenden, meuternde, protestierende und Emma verehrenden Hühner-Schar überhaupt nicht mehr verstehen konnte.

Ja, und so ist es leider bis auf den heutigen Tag geblieben, leider!!!!!!

Jockel und das Gräuel-Hühnerpaar

Es war einmal an einem gewittrig-schwülen Tag kurz vor dem Osterfest, als Jockel wie immer, wenn er etwas sehr Ungewöhnliches erblickte, aus voller Kehle „Kieke mal hie, kieke mal hie“ krähte.
Allerdings klang sein Krakeelen dieses Mal leider überhaupt nicht kriegerisch oder aufmüpfig wie gewohnt, sondern eher recht kläglich, Mitleid erregend, herzzerreißend und jämmerlich.

„Gott steh mir bei, Gott steh mir bei“ lamentierte Josephine, seine eheliche Gewitterzicke nervös und hektisch dazwischen, so dass die Hühner-Schar, die sich im rhythmischen Hühner-Takt meditativ auf dem grünen Rasen bewegte, sehr neugierig und äußerst besorgt die Ohren spitzte.

Das Hühnervolk unterbrach natürlich sofort seine bedeutungsvolle, lebensnotwendige Arbeit und machte sich auf seinen kurzen Stelzen in einer affen-artigen Geschwindigkeit auf den Weg.

Natürlich in Richtung:

„ Kieke mal hie“ und „Gott steh mir bei“

Sie wollten unbedingt Zeuge der Katastrophe sein, die Jockel und Josephine mit ihrem entsetzten, fassungslosen, schockierenden, erschreckten und bestürzten Appell angedeutet hatten.

Als die aufgescheuchte, aufgepeitschte, erregte und aufgewühlte Hühnertruppe völlig außer Puste endlich den Tatort erreicht hatte, schaute der bemitleidenswerte, erschütternde Jockel sowie seine erbarmungswürdige Ehehälfte Josephine so jämmerlich drein, dass sich der Trupp ebenfalls sofort magnetisch in die Richtung drehte, in der sich der Grund des Skandals befinden musste.
Die Ahnungslosen erblickten verstört, verwirrt, verdattert und aufs Allerhöchste erstaunt, zwei Lebewesen ihrer Rasse, die offensichtlich in Karnevals-Kostümen als Gespenst verkleidet, im Nachbargarten sorglos, unbeschwert und recht gut gelaunt umher flanierten.
Da die Faschingszeit aber bereits vorbei war, konnte es sich hier nur um eine Fata Morgana oder eine außerirdische Macht handeln!

Sie war sicher auf einer fliegenden Untertasse versehentlich vis-a-vis gelandet!

Ein völlig unbekanntes, arrogantes, aufgeblasenes einem Haushahn ähnlich sehendes außerirdisches Wesen stolzierte in aristokratischer Würde mit einem Huhn ähnlich sehendem Individuum, durch das Gelände im Nachbargarten.
Diese Außerirdischen hatten durch ihr Aussehen nicht nur Jockel und Josephine in einen Taumel nie erlebter Gefühle versetzt, sondern brachten nun auch das Blut der Hühnerschar zum Kochen.

Sie zeterten daher gemeinsam weithin hörbar:

„Dieses Unglaubliche, Unaussprechliche, was sich hier vor unseren eigenen Augen abspielt, darf weder geduldet noch toleriert werden!
Derartige Zustände müssen unter Aufbietung aller vorhandenen und noch zu mobilisierbaren Kräfte unterbunden und sofort mit Stumpf und Stiel ausgerottet werden!

Das Übel muss schnellstens im Keim erstickt werden damit es sich weder ausbreiten noch vermehren kann!

Dieser Ausrutscher darf weder als Spaß, Komik oder gar Klamauk durchgehen, sondern muss als Affront gegen jeden normalen Hahn sowie jedes landläufige Huhn unbedingt geahndet werden!
Eine derartige Demütigung und Erniedrigung darf sich keine unserer Geschlechtsgenossinnen oder Genossen im Zeitalter der Gleichberechtigung gefallen lassen!“

Jockel fühlte sich nach dieser gemeinsamen flammenden und Ehre rettenden Begründung mit seinem Hühner-Harem erstmalig solidarisch und zog sich mit ihm kollegial zur vertraulichen und geheimen Beratung zurück.
Nach mehrstündigem Wehklagen, Schimpfen, Stöhnen, Gezeter und Lamentieren kamen alle einstimmig zu folgendem Urteil:

„Dieser Fauxpas
darf auf keinen Fall
ohne weitere Konsequenzen
hingenommen werden!
Es muss sofort
ein einmaliges Exempel
statuiert werden!

Diesem ungehörigen Benehmen muss für immer ein Ende gesetzt werden!“

Da sich Jockel als Oberhaupt seiner Gefolgschaft verpflichtet fühlte, mobilisierte er alle Kräfte, die in ihm ruhten und beschloss im Namen des Hühner-Volkes die Bestrafung dieser Absurdität in die Hand beziehungsweise Kralle zu nehmen.

Nach kurzer, aber intensiver Selbstbesinnung und Sammlung war sein Ich-Bewusstsein, Selbst-Vertrauen, Selbstwertgefühl sowie seine Selbst-Behauptung und auch Selbstsicherheit wieder im Gleichgewicht und er verkündete selbstgefällig und siegessicher:
„Diesem Vergehen müssen wir zuerst einmal mit völliger Nichtanerkennung, Nichtbeachtung und Verhöhnung entgegentreten.
Wir haben daher rein nichts gesehen, gehört oder wahrgenommen!
Außerdem boykottieren wir den Gedanken, dass eine fremde Macht unserem Nachbarn einen österlichen Besuch abgestattet hat!

Wir stellen daher einstimmig fest, dass es keine weißen Hähne und erst recht keine weiß gefiederten Hühner gibt!

Diese Erde hat niemals und zu keiner Zeit ihrer Existenz einem weißen Hahn oder einem weißen Huhn das Leben geschenkt!

Das ist für mich und daher für uns alle so klar wie das Amen in der Kirche, klar?
Sollte Derartiges überhaupt jemals in Erwägung gezogen werden, dann wird diese Sternstunde, nämlich die Gründung einer weißen reinen Rasse, selbstverständlich hier auf diesem Hühnerhof vollzogen werden!

Als Stammvater dieser neuen Bleichgesichter komme daher nur ich in Frage, denn ich bin von edler Herkunft und bringe alle Eigenschaften mit, die zu einem derartig gewagten Evolutions-Schritt nötig sind!
Ich muss daher das Verbrechen, das sich im Nachbargarten ereignet hat, nicht nur ignorieren, sondern auch die Schande, die dieser Fatzke von Hahn über uns ausgeschüttet hat, wieder aus der Hühnerwelt schaffen!

Um der Ungeheuerlichkeit befriedigend gerecht zu werden, muss ich dem weißen Hühnerpaar, das sich im Nachbarhof einquartiert hat tapfer und heldenhaft entgegen treten!

Ich muss ihm einen Denkzettel verpassen und es mit seinen eigenen Waffen schlagen!
Ich werde daher beweisen dass alles nur eine Sinnestäuschung und ein Spuk ist!
Josephine wird mir bei dem Kampf um „Sein oder Nichtsein“ zur Seite stehen!

Sie ist zwar nicht allererste Sahne, aber als ranghöchstes Huhn automatisch die Weggefährtin die mich begleiten muss!

In diesem Fall darf ich nicht mein Herz sprechen lassen, sondern muss mich zu meinem größten Leidwesen an die eisernen Regeln der Hühner-Familien-Tradition halten!

Josephine kann zum Glück aber gar nichts falsch machen denn sie hat weiter nichts zu tun als den Schnabel zu halten und in einem respektvollen Abstand von mindestens drei Krallen hinter mir her zu stelzen

Ich dagegen werde weder Tod noch Teufel fürchten, das Herz in meine Kralle nehmen, der Gefahr tapfer ins Auge sehen und dieses Gefecht siegreich beenden!

Der Überraschungs-Effekt wird mir behilflich sein und mich auf jeden Fall zum Erfolg führen!
Ich verspreche Euch, dass das Schauder erregende Hühnerpaar bei meinem und Josephines Anblick nur dumm aus der Wäsche gucken und sofort die Flucht ergreifen wird!
Es besteht also in keiner Sekunde eine ernsthafte Gefahr an Leib und Seele für Euch, meine mir in die Obhut gegebenen und ans Herz gewachsenen anvertrauten treuen Untertanen!"
Die Hühnertruppe war von der Ansprache ihres Oberhauptes so hingerissen, überwältigt und mit Staunen erfüllt, dass sie vor tiefer Rührung und Feierlichkeit in die Knie ging und aus tiefster Seele inbrünstig und leidenschaftlich gackerte:

„Halleluja, hoch lebe Jockel
der Fürsprecher der Gerechtigkeit!
Unser Helfer in der Not
unser Lieblings-Hahn, unser Meister!"

Dann empfanden sie ihre feierliche Erklärung aber doch ein wenig phrasenhaft und fragten etwas unsicher und verschüchtert:
„Mit welchen Mitteln willst Du unsere verloren gegangene Ehre eigentlich wieder herstellen?
Was hast Du Dir ausgedacht, wie sieht Dein Plan aus und was können wir tun, um Dir zu helfen?"

„Ihr eilt auf schnellstem Wege in die Küche und besorgt mir eine große Schüssel voller Mehl" kommandierte Jockel.
„Wie Ihr das anstellt, ist natürlich ganz alleine Eure Angelegenheit, ich mische mich dieses Mal nicht ein! Ihr dürft alles ganz alleine aushecken!
Allerdings ein bisschen hoppla und nicht so lahmarschig und kraftlos, wenn ich bitten darf!

Es geht bei dieser Aktion nämlich um unser Ansehen, unseren Stolz, unsere Würde, unseren Fortbestand, kurz gesagt, **um unser Leben!"**

„Wie sollen wir das bewerkstelligen?
Du schmierst uns doch immer aufs Butterbrot dass wir nur dumme schutzbedürftige Wesen sind und aus eigener Initiative überhaupt gar nichts auf die Beine stellen können.

So eine gewaltige Aufgabe kannst Du uns daher auch nicht übertragen“ lamentierte die ängstliche eingeschüchterte und treu ergebene Hühnerschar.

„Ach papperlapapp!
Erspart mir Euer Palaver, tut einfach, was ich Euch sage, alles andere geht Euch nichts an!
Außerdem habt Ihr es faustdick hinter Euren Ohren, denkt nur an das vergangene Osterfest!

Wer hat da felsenfest von sich behauptet, ein geniales, einfallsreiches, fantasievolles sowie auch künstlerisches ideenreiches, originelles Geschöpf zu sein, das knallbunte Eier herstellen und diese dann auch noch am Apfelbaum befestigen kann?
Na, wer war das wohl?

Ihr habt mir bis heute nicht verraten, wie Ihr es unter der Leitung der arglistigen, ausgekochten, bauernschlauen Emma-Emanze geschafft habt, meine Autorität zu untergraben!
Erwartet daher auch kein Mitgefühl und keine Schonung!

Also Schluss mit dem Gelaber, Euer Gequatsche geht mir sowieso langsam auf den Geist!

Lasst Euch doch einfach wieder von der Spinne und den kleinen, gefiederten Freunden helfen, Ihr wisst schon, was ich meine!
Also, ab in die Küche, sonst setzt es Dresche, verstanden?“

„Verstanden“ echoten Jorinde, Julika, Juanita, Juliane, Jutta, Jessica, Joana, Jette, Jodie, Josefa, Josefina, Juana, Judith und Juno im Chor und machten sich mutlos auf den Weg zur Küche.

„Wenn jetzt kein Wunder geschieht, ist unsere Rasse für immer und ewig verloren“ stöhnten sie einstimmig.

„Die Einzige,
die uns hier noch einmal helfen kann,
ist die Schutzpatronin aller Hühner und Hennen, unsere Kämpferin Emma!
Lasst uns daher beten!“

Und der heilige Geist der göttlichen Emma kam tatsächlich nach einer kurzen Gebetspause in Gestalt der Bäuerin Pauline über den Hof und stellte auf dem Gartentisch, genau neben dem kleinen Zierbrunnen, eine riesige, mit Mehl gefüllte Schüssel ab.

Bei dem sonnigen, frühlingshaften Wetter hatte sie, einer urplötzlichen Eingebung nachgebend beschlossen, den Osterkuchen für die gesamte Familie in der reinen Frühlingsluft zuzubereiten. Sie schaute daher unbeschwert und fröhlich in den friedlichen wolkenlosen Himmel und verschwand dann noch einmal in der Küche.

„Grundgütiger“ flüsterte Jockel fassungslos nach einer längeren Pause ehrfurchtsvoll, das war eine bärenstarke Leistung!
„Mit welchen Mitteln habt Ihr nur die Bäuerin aus dem Haus gelockt?
Das müsst Ihr mir unbedingt auch beibringen!
Jetzt haben wir allerdings dazu keine Zeit!
Also an die Arbeit, meine Damen!“

„Wieso Arbeit?
Was haben wir damit zu tun?
Du wolltest doch ganz alleine mit Josephine????“

„Natürlich“ beruhigte Jockel!
„Ihr müsst aber noch einmal für mich beten, damit sich keine Fische oder gar Frösche im Garten-Brunnen tummeln. Ich habe nämlich eine arge Phobie gegen dieses Ungeziefer!

Hoffentlich ist das Wasser auch nicht zu kalt, denn ich möchte mir vor Ostern auf keinen Fall noch eine Erkältung oder Grippe einfangen!“

„Du bist ein Genie, Jockel“ gackerten die Hühner überschwänglich.
„Lamentiere aber nicht mehr so lange herum, sondern schreite endlich zur Tat!
Die Bäuerin kann jedem Moment wieder aus der Küche zurückkommen!
Wenn sie Dich im Mehl erwischt, landest Du noch als Oster-Schmaus im Kochtopf oder sogar in der Bratenröhre!“

„Ja, wahrhaftig, das wäre wirklich furchtbar“ stöhnte Jockel und stürzte sich todesmutig zuerst in die Fluten und anschließend in das gebleichte, blasse und weißeste Weizenmehl aller Zeiten!

Er wälzte sich nun genüsslich in der Farbe der Unschuld sowie Heiligkeit herum und krähte:
„Jetzt bin ich tausendmal weißer, reiner und prachtvoller, als der dämliche, eintönige, fade, bornierte, aschfahle, langweilige, reizlose und uninteressante graue, grauenvolle Grauhahn mit seiner Gespielin in Nachbars Garten!“

Josephine folgte seinem Beispiel und die Hühner klatschten mit ihren Flügeln nicht nur begeistert Beifall, sondern fragten auch irritiert:
„Du meinst mit dem Grauhahn doch nicht etwa den wunderschönen schneeweißen, silberhellen Hahn nebst seiner alabasterfarbenen Junghenne im blüten- perl- lilien- und atlasweißen Outfit an seiner Seite?"

„Doch, Ihr habt richtig gehört" krähte Jockel.
„Ich meine die zwei blassen, ausdruckslosen und nichts sagenden Backpfeifengesichter!
Ich kann in meinem Gesichtsradius leider nichts anderes orten!

Dasselbe gilt auch für Euch, kapiert?
Oder könnt Ihr mit Euren Hühneraugen etwa besser sehen als ich?
Also keine Widerrede, Ende der Debatte!
Schluss, aus!"

„Ja natürlich" hauchte die gläubige Hühner-Glaubens-Gemeinschaft ergeben.

„Es sind nur zwei **vulgäre Grauhühner**, weiter nichts" und schaute beunruhigt gen Himmel!

„Was gibt es dort zu sehen“ herrschte Jockel!
„Kommt wieder auf die Erde zurück oder erwartet Ihr noch ein himmlisches Wunder?
Für heute jedenfalls reicht es mir!
Mein fleckenloses, reinweißes Gewand umhüllt meinen Alabasterkörper wie einen Schutzpanzer und ich fühle mich lauter, makellos, unberührt, unverdorben und anständig wie eine Jungfrau und außerdem auch noch unverletzlich wie Junker Siegfried aus der Heldensage!“

„Ich finde, Josephine sieht wie ein paniertes Huhn in der Bratpfanne aus“ flüsterte hämisch Juliane, die vorlaute Junghenne.

„Lass das bloß niemanden hören“ bekreuzigte sich Jessica verängstigt.
„Du weißt doch, wir dürfen niemals irgendetwas denken oder aussprechen, was nicht der Wahrheit entspricht, unsere Meinung alleine zählt da leider überhaupt nicht.

Also, widerrufe schnell alles!

Du landest sonst auch im Kochtopf und das wäre furchtbar!“

Keiner hatte bei der aufwendigen Reinigungs- und Verwandlungs-Zeremonie bemerkt, dass dunkle Wolken am Himmel aufgezogen waren und in unmissverständlicher Sprache verkündeten:

„Wir sind ein Unwetter
und wenn Ihr Euch
nicht schnellstens
aus dem Staube macht,
werdet Ihr bald bis auf die Haut
durchnässt sein
und wie gerupfte Hühner
und keineswegs wie weise Prophetinnen
aus himmlischen Sphären, ausschauen!“

„Wirklich“ fragten Juliane und Jessica ungläubig und besorgt, die als einzige Hühner die Stimme des Himmels vernommen hatten.

„Ja, wirklich“ bestätigte das drohende Unwetter!

„Wenn Ihr allerdings einem kostenlosen Bad nicht abgeneigt seid, dann haltet Euch bereit, denn der Himmel wird sich öffnen und einen sintflutartigen Regenguss hernieder prasseln lassen!“

„Wird der Wolkenbruch so intensiv sein, dass er auch den mehligen, weißen Staub von Jockel und Josephine abwäscht und werden sie dann wieder genauso ausschauen wie vorher“ erkundigten sich Juliane und Jessica neugierig.

„Ja, ich werde sie reinwaschen!

Allerdings nur äußerlich, denn für die Sünden, die sich die beiden mit ihrem Handeln aufgeladen haben, ist die Wasserflut leider nicht zuständig“ grummelte das Unwetter hintergründig.

„Dann gibt es also doch eine Gerechtigkeit auf Erden“ gackerten die beiden Hühner erleichtert und beeilten sich mächtig, damit sie ihren Stall noch mit trockenen Krallen erreichten.

Von dort aus hatten sie nämlich eine prächtige Aussicht auf ihre Artgenossinnen und auf die mit Mehl panierten Helden Jockel und Josephine!

Über Jockel, der sich übler Nachrede und noch in vielen anderen Punkten schuldig gemacht hatte und Josephine, seine Mittäterin, brach tatsächlich die Katastrophe herein.

Ihr Kampf gegen die Gerechtigkeit fiel leider buchstäblich ins Wasser!

Sie standen da wie zwei begossene Pudel und die weiße Reinheit und Herrlichkeit tropfte so lange aus ihrem Federkleid bis sie wieder ein ganz gewöhnliches und normales Hühnerpaar waren.

Die Hühnerschar, die aus sicherer Entfernung die Reinwaschung ihres Gebieters samt seiner Ehe-Hälfte miterlebt hatte, machte sich aber ihren eigenen Reim über den nachbarlichen Gräuelhahn mit Henne, die von dem österlichen Spektakel zum Glück nicht das Geringste mitbekommen hatten.

Alle Mitwirkenden
begrüßten sich daher am nächsten Morgen
höflich und freundlich
wie es nun mal
unter guten Nachbarn üblich ist!

Unser Dorf ist das schönste!

Es war einmal an einem völlig ganz normalen Wochentag, an dem der Bauernhof mit der bemerkenswerten Wiese, den Wiesenbewohnern, den drei Obstbäume sowie Jockel, dem noch bemerkenswerteren Haus und Hahn recht still und friedlich vor sich hin träumten.

Dies entsprach aber nicht so ganz der vollen Wahrheit, denn in Wirklichkeit waren alle Bewohner des kleinen Örtchens „Schönau", das seinen Namen einmal nicht völlig umsonst erhalten hatte, innerlich in heller Aufregung, denn genau an diesem Tag sollte eine Urkunde vergeben werden, die den Titel:

„Dieses Dorf ist das Schönste"

voller Würde tragen sollte!
Die einmalige Schönheit von Schönau trug einen ganz besonderen exquisiten Reiz zur Schau!

Diese einmalige Schönheit musste daher mit Sicherheit der angekündigten Jury aus Berlin ebenfalls auffallen!
Dafür hatten sie alles Menschenmögliche getan und warteten daher auch mit Spannung auf die besonders fachlich kompetente Jury.
Als diese dann auch eintraf und mit äußert bedeutungsvollen Blicken sowie den ebenfalls dazu gehörenden gewichtigen Schritten diesen Ort begutachtete, um ihm eventuell den ersten Preis zu überreichen, waren natürlich alle Bewohner, die sich diese sehr wertvolle Auszeichnung unter allen Umständen verdienen wollten, in heller Aufregung.
Sie hatten nämlich bereits schon Monate vor dem denkwürdigen Tag begonnen, den gesamten kleinen Ort auf Hochglanz zu bringen.

Alle Wege waren vom Unkraut befreit!
Die Hecken waren ordentlich geschnitten und das herum liegende Fallobst fleißig eingesammelt und natürlich ebenfalls fachgerecht entsorgt worden.
Sogar die Rindviecher waren gekämmt, gebürstet, gebadet und mit einem extra für sie hergestellten Schminkstift bearbeitet worden.

Sie hatten nach dieser Prozedur tatsächlich einen intelligenteren und auch freundlicheren Gesichtsausdruck, so dass sie sich ebenfalls problemlos der Jury stellen konnten.
Auch Schweine, Hunde, Katzen, Hühner und Gänse wurden mit dem Gartenschlauch bespritzt, geschrubbt und poliert, dass es eine Freude war.

Als die Reinigungs- und Verschönerungsphase all der Haustiere endlich beendet war, hatten alle Bewohner natürlich ihre sonntägliche Vorzeige-Kleidung angelegt und das liebenswürdigste Lächeln bei der Verrichtung ihrer alltäglichen Pflichten aufgesetzt, um auf jeden Fall für den Ernstfall vorbereitet zu sein.
Die Jury hatte nämlich verlauten lassen, völlig überraschend aufzutauchen, damit sie sich ganz unvoreingenommen von dem Charme und der Einzigartigkeit eines jeden Ortes verzaubern lassen konnte, der am Wettbewerb teilnahm.

Sogar die Kinder, die sonst nicht so leicht zu bändigen waren, gingen brav und sittsam auf den frisch gesäuberten Wegen zur Schule oder benutzten mit ihren tadellos funktionierenden Rädern den Radweg.

Oder sie vergnügten sich auf dem pikobello superfeinen geschmückten Marktplatz.
Sogar die Autos, die vorbildlich in Reih und Glied vor den Häusern parkten, glänzten im hellen Sonnenlicht und jeder der vorbei ging, konnte sich darin spiegeln und noch ein letztes Mal seine Frisur oder Kleidung kritisch überprüfen.

Und die Jury mischte sich tatsächlich eines Tages völlig überraschend unter die Bewohner!
Sie war bereit, das tägliche Leben auf diesem kleinen, noch etwas dörflichen Vorort von Berlin zu bestaunen und natürlich zu bewundern!

Zum Schluss ihres Rund-Ganges wurde sie dann vom Orts-Vorsteher herzlich zu einem kleinen Umtrunk eingeladen denn sie sollte sich von den Strapazen der anstrengenden Begutachtung ein wenig erholen!
Der Bürgermeister verteilte dann auch voller Stolz das wohl temperierte Bier, das unter seiner Aufsicht in diesem vorbildlichen kleinen Vorort mit viel Liebe und Sorgfalt hergestellt und gepflegt wurde.

Jetzt, unter freiem Himmel mit der würzigen Landluft vermischt, würde es natürlich allen besonders gut munden.

Außerdem hatte der Bürgermeister, um das Bild des vom Glück begünstigten Landlebens dieser Ortschaft noch anschaulicher und lebendiger hervorzuheben, seine mühsam herausgeputzten Gänse sowie die Hühner-Schar eigenhändig auf die saftige grüne Wiese getrieben, damit sie genau dem Bild entsprachen, das die Großstadtmenschen tief in ihren Herzen trugen.
Glückliche, schneeweiße Gänse mit einem lieben friedlichen Gesichtsausdruck wurden den Kunden nämlich in vielen Kaufhäusern auf Tischdecken, Tellern, Tassen, Bett-Bezügen, Lampen, Tapeten und Handtüchern in Mengen angeboten.
Das Einzige, womit er seine prachtvollen Gänse aus Zeit-Mangel nicht geschmückt hatte, war die blau- oder rot karierte Schleife um den Hals, sonst war aber alles genau wie im Angebot der großen Warenhäuser.
Blütenweiß wie frisch gefallener Schnee liefen die Gänse nun glücklich und laut schnatternd über das grasgrüne Gras, das sich dicht mit Gänse-Blümchen geschmückt hatte.

Sie schauten dabei so harmonisch und dekorativ aus, dass es der Jury noch einmal zusätzlich ganz warm ums Herz wurde.
Diese erlebte in diesem Augenblick hautnah, wie einträchtig und liebevoll sich Tiere, Pflanzen sowie Bäume gemeinsam mit den Menschen in ein Landschaftsbild einfügen können und wo das wahre Glück noch zu Zuhause ist.

„Ja, dieses kleine Dorf
ist wirklich beispiellos!
Daher ist es auch ganz alleine würdig,
unseren einzigartigen Preis zu erhalten!"

Darin war sich die Jury so einig wie noch nie in ihrem Leben und schnupperte wohlgefällig den verheißungsvollen Duft, der sich von der Küche bis hin zu den frisch renovierten Gartenbänken, auf denen sie entspannt Platz genommen hatte, wohlig ausbreitete
„Darf ich Sie zu ofenwarmen Land-Kuchen mit Apfel- Birnen oder Pflaumen-Belag einladen" fragte leicht verlegen und bescheiden lächelnd die schmucke Hausfrau, die plötzlich wie eine Figur aus dem Märchenland, vor ihnen stand.

„Der Obst-Belag ist ganz frisch und wurde heute morgen sogar von mir persönlich eingesammelt“ ergänzte sie dann und deutete auf die ausladenden Apfel-, Birnen sowie Pflaumenbäume die sich alle drei unter der Last der reifen, köstlichen Früchte tief beugten. Ja, sie mussten an einigen Stellen sogar abgestützt werden, damit sie nicht unter der Last ihrer Früchte zusammenbrachen.

„Dieses Bild der vollkommenen Zufriedenheit, Entspannung und Gastfreundschaft werden wir für immer im Herzen tragen“ beteuerte daraufhin die überzeugte Jury und der autorisierte Preisverleiher Herr Lothar von und zu Lobesam stammelte voll überwältigt: „Ich habe es noch nie im Leben so bereut wie heute dass ich weder komponieren, zeichnen, reimen oder sogar dichten kann denn dieses Landschaftsbild in Worten, Noten oder in einem Gemälde festzuhalten, wäre einfach reine Menschenpflicht, damit alle diesen dörflichen Frieden hier mit mir sowie der Jury gemeinsam genießen dürfen.“

Voll tiefer Rührung betrachtete er dann ergriffen das Zwiebelmuster auf den antiken, frisch gefüllten Kaffeetassen.

Dann kostete er von dem noch warmen, goldgelb gebackenen und appetitlich duftenden Apfel- Birnen- sowie Pflaumenkuchen mit der frisch geschlagenen Sahne und wischte sich still- heimlich eine Träne aus den Augenwinkeln, weil sentimentale Erinnerungen aus seiner Kindheit in ihm aufstiegen.

Seine immer gut gelaunte Oma hatte nämlich in genau den gleichen Tassen immer ihre Getränke serviert!

Sie vergoldete, veredelte und verklärte daher in seinen Gedanken den Garten, den Kaffeetisch, ja sogar den gesamten gefühlsseligen kleinen Ort.

Entschlossen, unbeirrbar und zielbewusst zog er nach diesen seelenvollen und unvergesslichen Augenblicken die Urkunde aus seiner Akten- Tasche und setzte den Namen dieses idyllischen, malerischen und verträumten Ortes ein.

Dann überreichte er dem Bürgermeister mit stolz geschwellter Brust euphorisch den wohlverdienten ersten Preis mit den Worten:

„Dieser bewundernswerte kleine Ort ist tatsächlich der allerschönste, gütigste, liebenswerteste und charmanteste, den ich je in meinem Leben gesehen habe.
Ich fühlte mich noch nirgends auf der Welt so sehr entspannt, locker und ausgeglichen wie hier!
Dies müssen Sie mir einfach glauben!"

Die Jury-Mitglieder nickten dazu gemeinsam und bestätigend mit ihren Köpfen!
Dann wünschten sie alle ebenfalls aus tiefstem Herzen dem stolzen Bürgermeister sowie seiner Gattin, Glück und Segen sowie natürlich ebenfalls allen Ortsbewohnern.

Der Orts-Bürgermeister war ergriffen und fühlte sich so sehr geehrt, dass er Lothar von und zu Lobesam ganz still zur Seite nahm und ihm freundschaftlich und gönnerhaft ins Ohr flüsterte:

„Wir sind uns heute so nahe gekommen, dass ich daher doch wohl ohne Umstände und Erklärungen freundschaftlich „Du" zu Ihnen sagen darf?"

„Also, Du kannst Dir selbstverständlich auch eine der glücklichen, frei laufenden, schneeweißen Gänse, die ebenfalls auf der Wiese herum laufen, zum weihnachtlichen Schmaus aussuchen!
Ich werde sie Dir natürlich ausgenommen, gerupft und mit den passenden Gewürzen versehen, verpackungs- sowie auch portofrei pünktlich zum Weihnachtsfest liefern!

Wenn Du es nicht weitersagst, verrate ich Dir auch noch ein wohl gehütetes Geheimnis:

Ein Bundeskanzler hat sich bei mir vor einigen Jährchen sogar eine Weihnachtsgans ausgewählt!
Sie wurde auf seinen ausdrücklichen Wunsch sogar mit biologischem Futter ernährt und von seiner lieben Familie mit einem Namen bedacht!

Ein Tierarzt untersuchte das auserwählte Tier jede Woche und die Gans war ein Prachtexemplar, als ich sie auf die Reise nach Berlin schickte!

Natürlich lagen der Lieferung einige Rezepte aus der Region sowie Äpfel und Backpflaumen bei, die Du selbstverständlich ebenfalls erhältst, das ist für mich einfach Ehrensache!“

Beide Herren waren nach diesem bewegenden Geständnis tief gerührt, den Tränen nahe und versicherten sich gegenseitig, wie sehr sie sich schätzten, ehrten und natürlich achteten.

Dann verabschiedeten sie sich mit einem warmen, gefühlvollen und kräftigen Händedruck!
Dieser sollte ihre niemals endende Freundschaft noch zusätzlich bekräftigten.

Nach einer längeren bedeutungsschweren Pause flüsterte Lothar von und zu Lobesam noch immer voller Rührung und nach Worten ringend, seinem neuen Freund verschämt ins Ohr:
„Die dritte von rechts dort unter dem Apfelbaum, die so laut und ohne Pause schnattert und mich an mein liebes Tantchen Gisela erinnert, die hätte ich gerne zum Weihnachtsfest!“

Gleich, nachdem die Jury fröhlich, gut gelaunt und natürlich mit einem großen Kuchenpaket beladen, das Grundstück verlassen hatte, wurden alle Gänse jedoch wieder in ein Gatter gesperrt!

Frisches Gras und ständiges Herumlaufen stand nämlich leider überhaupt nicht auf dem Speise- und Lebensplan der Weihnachts-Gänse.

Sie bekamen ein extra für sie hergestelltes und gut ausgeklügeltes Kraftfutter, von dem sie schnell und sicher zunahmen und das sie dann auch zu einem begehrlichen, schmackhaften und äußerst leckeren Weihnachtsbraten heranreifen ließ.

Wart's nur ab!

Es war einmal ein prachtvoller, herrschaftlicher, stattlicher und gut ausschauender Kastanienbaum, der nur einige Meter entfernt von Jockels stolzem Besitz stand.
Direkt neben ihm stand eine recht kleine, unscheinbare Tanne.
Beide waren gute Freunde, trotzdem konnte es der Kastanienbaum nicht lassen, immer wieder seinen Kopf zu schütteln und ein wenig herablassend und spöttisch zu bemerken:
„Weißt Du Tanne, Du könntest Dich wirklich ein wenig mehr anstrengen und Deine Blätter einmal entfalten!
Schau mich an, dann weißt Du, wie ein Blatt aussehen muss!
Du solltest auch etwas tun, Deine Blätter sind noch immer eingerollt und sogar spitz!

Du bist spitz, Du bist nicht so heiter, unbeschwert und ausgeglichen wie ich!

Du ärgerst Dich doch nicht etwa insgeheim, dass Du nicht so schön bist wie ich?"

Dies fragte er die Tanne jeden Morgen, an dem er erwachte und die Tanne gab darauf jeden Morgen zur Antwort ***„Wart's nur ab, wart's nur ab!"***

Der Kastanienbaum, der nicht gerade besonders geduldig war, wartete ab, aber es geschah nichts!

Der Frühling kam!
Der Kastanienbaum entfaltete sich nun mit einer Kraft, Stärke und Herrlichkeit, wie wohl kaum ein anderer Baum auf Erden.
Er schmückte sich aufwendig mit blütenweißen Kerzen und es gelang kaum einem Menschen, an ihm vorbeizugehen ohne seine üppige und prunkvolle Aufmachung zu bewundern und zu bestaunen.

„Siehst Du Tanne" nickte er selbstgefällig.
„Nun streng Dich endlich auch einmal an, denn im Frühling blüht jeder anständige Baum!

Das ist normal und einfach selbstverständlich!

Und was machst Du?
Ich habe beinahe das Gefühl, Du stehst dort bloß dumm herum!"

Die Tanne kümmerte sich jedoch nicht um die spitzen Bemerkungen der Kastanie und meinte nur höflich und freundlich:

„Wart's nur ab, wart's nur ab!"

Der Sommer kam und ging!

Der Herbst zog über das Land und die Kastanie begann, stolz darauf hinzuweisen, dass sie bereits im Sommer erstklassige Früchte angesetzt hatte, die jetzt voll entwickelt und ernte reif waren, denn auch dies gehörte sich so, jeder gewissenhafte Baum wusste, was er im Herbst zu tun hatte und seiner zukünftigen Generation schuldig war.

Die Kinder, die jetzt vorbei kamen, waren voller Vorfreude und riefen begeistert:
„Schaut nur, bald können wir wieder glänzend braune, sonnengebräunte Kastanien sammeln, das wird ein Riesen-Spaß!

Hoffentlich ist es bald so weit, denn mit den Kastanien kommen auch die Herbstferien und das ist immer eine doppelte Freude!"

Die Kastanie wurde durch dieses Lob noch stolzer und neigte sich wichtigtuerisch zur Tanne herab: „Hast Du Dir eigentlich schon die Verpackung angeschaut, in die ich meine zahlreichen Früchte eingewickelt habe?
Das ist ein ganz besonderes Meisterwerk und Du wirst weit und breit keinen Baum finden, der so brillante Einfälle hat wie ich!“

Die kleine Tanne ließ sich durch das angeberische Gehabe der Kastanie aber immer noch nicht beeindrucken und meinte nur gelassen:
„Hast Du Dich jetzt etwa ein wenig geärgert?
Es sieht beinahe so aus, denn wenn Du Dir Deine Verpackung einmal ganz genau anschaust, wirst Du bemerken, dass sie mit unzähligen kleinen Stacheln behaftet ist, die fast so ausschauen wie meine Nadeln.
Nur nicht ganz so spitzenmäßig!

Sei nur vorsichtig, dass Du Dich nicht daran piekst, denn das kann recht schmerzhaft sein!“

„Das kann mir doch nicht passieren“ lachte die Kastanie übermütig.

„Achte Du lieber darauf, dass Du meine Haupt-Attraktion nicht verpasst, denn in den nächsten Tagen werde ich Dir noch imponierender und großartiger erscheinen.
Ich mische nämlich gerade die allerherrlichsten Gold- Rot- und Braun-Töne zusammen.
Damit werde ich all' meine Blätter lichtecht und wetterfest einfärben und dann so interessante, reizvolle und abwechslungsreiche Kombinationen zusammenstellen, dass es Dir hoffentlich für lange Zeit die Sprache verschlagen wird!

Ich gebe mir wirklich große Mühe, meine Umwelt immer wieder zu überraschen, zu fesseln und zu unterhalten und bin daher auch ständig bemüht, mein Aussehen zu variieren, was man von Dir nicht gerade behaupten kann, denn Du bist immer gleichbleibend langweilig.
Du könntest endlich auch einmal etwas für Dich tun, fällt Dir denn überhaupt nichts zu diesem Thema ein?"

„Ach Kastanie" lächelte die Tanne bescheiden.
„Ich bin von Deinem Modebewusstsein und den vielen Aktivitäten wirklich tief beeindruckt, aber lass mich bitte einfach so, wie ich bin!

Ich bin eben anders als Du und im Übrigen kennst Du doch meine Antwort die auch immer noch die Selbe ist:

„Wart's nur ab, wart's nur ab!"

Dann aber kam ein Morgen, an dem es unheimlich still war.
Die Kastanie sprach kein einziges Wort, und das war wirklich sehr erstaunlich und ungewöhnlich.
Was war geschehen?
Die Kastanie schämte sich, denn sie war jetzt völlig kahl, leer und blank.
Nicht ein einziges Blatt schmückte ihre Äste.

Ein heftiger Sturm war in der Nacht über das Land getobt und hatte ihr in einer einzigen Nacht alle Herrlichkeit und Pracht genommen.

Es war beängstigend still und die Tanne traute sich nun auch nicht, ein Gespräch zu beginnen, weil sie gut mitempfinden konnte, wie betrübt und verzagt die Kastanie jetzt sein musste.

Nach langer Zeit des Schweigens bemerkte sie dann aber doch mitfühlend:
„Du brauchst doch nicht zu verzweifeln!
Du hast doch selbst gesagt, dass im Frühling jeder Baum blühen und im Herbst die Blätter färben sowie Früchte tragen muss!
Nun, dann geh doch einfach mit der Zeit und erfinde schnell eine Mode für den Spätherbst!
Jetzt ist eben modern, nichts zu tragen, einfach kahl, gelöst, unabhängig und ohne Last zu sein!

Ich persönlich kann an dieser neuen Mode nichts Schlimmes finden, denn an meiner Freundschaft zu Dir ändert sich dadurch überhaupt nichts.
Das Wichtigste ist doch, dass ich Dich mag und Deine Sorgen verstehen kann.
Deine Kleidung spielt dabei für mich überhaupt keine Rolle.“

Die Kastanie ließ sich durch diese liebevollen Worte aber nicht aufmuntern und schwieg!

In einer der folgenden Nächte aber geschah etwas!

Es war eine „Stille Nacht“

Ganz lautlos fielen Schneeflocken auf die Erde herab und bedeckten die kahle Kastanie, so dass sie nun wieder mit einem eleganten, weißen Gewand bekleidet war und richtig vornehm und feierlich in die Welt blickte.

Sprechen konnte sie aber trotzdem noch nicht, denn was sie nun erblickte, verschlug ihr einfach die Sprache, sie war völlig überwältigt!

Direkt neben ihr stand doch tatsächlich die kleine, unscheinbare Tanne und funkelte, blitzte, glitzerte und leuchtete so stark, als ob sie mit Tausenden von Diamanten besetzt wäre.

Sogar der Mond schaute neugierig hinter einer Wolke hervor und warf voller Begeisterung einen leuchtenden Stern vom Himmel herab und zwar haargenau auf die Spitze der Tanne.

Dort oben blinkte und strahlte er so hell, dass alles um die kleine Tanne herum in ein warmes, weiches Licht getaucht wurde.
Die Tiere des Waldes wurden ebenfalls magisch von dem geheimnisvollen Lichtstrahl angezogen!

Sie kamen herbeigeeilt und blieben bewundernd vor der kleinen Tanne stehen.

Da konnte die Kastanie auch nicht anders.
Sie neigte, nicht nur unter der Last des Schnees, ganz tief ihre Äste und flüsterte ehrfurchtsvoll und staunend:

„Jetzt verstehe ich Deine Worte:
„Wart's nur ab!“

„Ja, ja Kastanie“ nickte die Tanne bedeutungsvoll.
„Manchmal muss jeder von uns schon eine Menge Geduld aufbringen, um herauszufinden, welche Lebens-Aufgabe für ihn bestimmt ist.

Jeder hat eben eine andere Aufgabe,
seine Aufgabe!
!
Einer hält seine Blätter zusammen, rollt sie auf,
der andere breitet sie aus!

Einer ist groß und mächtig,
der andere klein und bescheiden!

Wichtig ist aber immer nur,
im richtigen Augenblick das Richtige zu tun
und das muss jeder ganz alleine
für sich selbst entscheiden!

Er darf sich da niemals
und unter gar keinen Umständen
hineinreden lassen!“

„Natürlich“ nickte die Kastanie anerkennend.
„Das verstehe ich jetzt!

Im nächsten Frühjahr werde ich ganz bestimmt daran denken und Dich auf jeden Fall nicht mehr bedrängen sondern in Ruhe lassen.
Das verspreche ich Dir hiermit ganz feierlich!“

Ob die Kastanie ihr Wort gehalten hat?
Nun Ihr wisst es, wenn Ihr Euch das Märchen noch einmal von vorne durchlest!

Wart's nur ab, wart's nur ab, wart's nur ab,
dann wunderst Du Dich
gar nicht mal so knapp!

Am Morgen sagt die Kastanie:
„Tanne, was stehst Du nur rum?
Immer nur grüne Nadeln,
das ist doch viel zu dumm!

Im Frühling prahlt die Kastanie:
„Schau meine Kerzen nur an,
sie leuchten hell und herrlich,
wie sonst kein Baum es kann!"

Im Herbst ruft stolz die Kastanie:
„Viel' Früchte trage ich nun!
Bald färbe ich meine Blätter,
wann wirst auch Du was tun?"

Im Winter schweigt die Kastanie
ganz kahl stellt sie sich uns dar!
Doch die Tanne funkelt
im Schneekleid wunderbar!

Wart's nur ab, wart's nur ab, wart's nur ab,
nun wunderst Du Dich gar nicht mal so knapp!

Ein Bäumchen steht im Walde
und schüttelt sich,
wirft viele weiße Blüten wohl unter sich.
Sag, was mag es jetzt nur sein?
Sommer, Herbst, gar Winter? Nein!
Ja, jetzt kann es Frühling, nur Frühling sein!

Ein Bäumchen steht im Walde
und schüttelt sich,
wirft viele grüne Blätter wohl unter sich.
Sag, was mag es jetzt nur sein?
Frühling, Herbst, gar Winter? Nein!
Ja, jetzt kann es Sommer, nur Sommer sein!

Ein Bäumchen steht im Walde
und schüttelt sich,
wirft viele reife Früchte wohl unter sich.
Sag, was mag es jetzt nur sein?
Frühling, Sommer, Winter? Nein!
Ja, jetzt kann es Herbst, ja Herbst nur sein!

Ein Bäumchen steht im Walde
und schüttelt sich,
wirft viele weiße Flöckchen wohl unter sich.
Sag, was mag es jetzt nur sein?
Frühling, Sommer, Herbst? O nein!
Ja, jetzt kann es Winter, nur Winter sein!

Die Tanne, die Kastanie

Die Tanne, die Kastanie,
die hatten einen Streit,
wer wohl die schönsten Blätter trägt
zur frohen Maienzeit.
Die Tanne sprach, ich piekse
Dich gleich in Deinen Stamm,
damit Du Dich recht wunderst,
wie ich sie rollen kann.
Und die Kastanie schüttelt
der Tanne auf das Kleid
die allerschönsten Früchte
des Waldes weit und breit.
Da blies der Wind gar heftig
wohl durch das Blätterdach
und kahl war die Kastanie
und stöhnte weh und ach!
Nun lachten alle beide
und wurden schnell gescheit,
ein neues Kleid sie schmückte,
es hatte nachts geschneit!
Ein Stern fiel jetzt vom Himmel
auf unsren Tannenbaum
und alle Tiere staunten:
Jetzt war's ein Weihnachtsbaum!

Die silbrig schimmernde Mondschein-Prinzessin

Es war einmal ein sehr junges Mädchen, das pausenlos davon träumte, einmal eine echte Prinzessin zu sein!
Da sie tatsächlich auch wunderschön anzuschauen war, obwohl sie nur ein Bauern-Mädel war, träumte sie trotzdem ständig davon, so dass sie ihre eigene Schönheit sehr oft so stark bedrückte dass sie ständig unter argem Kopfweh litt, denn ihr Körper war kaum in der Lage, diese ungeheure Last einer unübertroffenen, beachtlichen Schönheit zu tragen.
Ja, sie traute sich daher auch kaum noch auf die belebte Straße, denn die vorbei laufenden Menschen hielten sofort in ihrem Lauf inne, atmeten schwer und schauten mit begehrlichen sowie neidvollen Blicken auf sie.
Aus diesen Gründen begann sie daher, sehr oft vor innerer Erregung stark zu beben, dass sie sich bei hellem Sonnenschein oder sogar auch normalen Temperaturen kaum noch aus ihrem silbern schimmernden Märchen-Schloss heraus traute.

Daher wandelte sie nur noch unbehelligt und vor den neiderfüllten Blicken geschützt, im hellen Silber-Mondenschein in ihrem Garten, der leider nur zu einem Bauernhof gehörte, auf und ab!

Dort ließ sie sich einzig und allein vom Mann im Mond bewundern sowie bestaunen.
Er allein durfte sie mit seinem silberhellen Licht zärtlich liebkosen sowie auch umschmeicheln.

Da sie gerade das Buch vom kleinen Prinzen gelesen hatte, war ihr ebenfalls mondscheinklar dass der Mann im Mond in Wirklichkeit der „Kleine Prinz“ war der natürlich nur auf sie ganz alleine wartete!

Sie träumte daher fortwährend mit offenen Augen von dem wunderschönen jungen Prinzgemahl, der, wenn er sie einmal erblickte, sofort in eine tiefe Ohnmacht fallen würde!

Er konnte nämlich nur einmal erlöst werden, wenn die Flammen eines liebenden Herzens auf ihn gerichtet würden! Der laue Nacht-Wind müsste daher dann seine voller Leidenschaft glühende Stirn sanft sowie zart umfächeln!

Das silbrig schimmernden Sternen-Meer würde aufmunternde zart fühlende Melodien leise, melodiös sowie mit Inbrunst und Verzückung in sein voller Liebe lodern flammendes und voll Glückseligkeit wild pochendes Herz weben!
Nur von diesen Naturgewalten liebevoll gestützt sowie getragen, würde er sich einmal ihr, seiner zukünftigen Prinzessin, nähern können!

Ein starkes übernatürliches Gefühl, das ebenfalls voller sternengoldenen sowie rotgold-glühenden Silbermond-Strahlen zärtlich von einem leise wehenden Lüftchen zusammen gehalten sowie noch mit einem Hauch von übernatürlicher Sinnlichkeit umwoben sein müsste, könnte sein leidenschaftlich sowie auch ungestüm schlagendes Herz, mit einem tiefroten Band der ewigen Liebe beruhigen. so dass er es überhaupt einmal wagen konnte, sich ihr zu nähern.

Sein voller Sehnsucht überlaufendes Herz konnte jedoch im Moment noch nicht einmal der Silber-Vollmond mit all seiner Kraft und Stärke bändigen und sogar die Sterne schämten sich, denn so einen güldenen Liebes-Glanz konnten auch sie leider nicht herstellen!

Das Gefühl vom kleinen Prinzen zu seiner liebreizenden Prinzessin war einfach überirdisch und weder vom Mond noch von seiner Sternen-Schar nachzuempfinden geschweige denn auch noch zu übertreffen.
Zu dieser Gefühlswallung besaß nur ein einziges Menschenkind auf der Erde diese Kraft sowie das herzbetörende Verlangen!

Alle Lebewesen wussten, dass der kleine Prinz, der bereits schon Jahrhunderte ja Jahrtausende auf dem Mond lebte und auf eine Liebe wartete, die der seinen angemessen war, endlich erlöst werden und für immer ebenfalls ein Menschenkind werden konnte, wenn dieses große, überirdische Wunder irgendwann einmal geschehen würde!

Das gesamte silbrig-golden schimmernde Sternen-Meer sowie die wolkige Wolkenschar und auch der windige Wind warteten daher in stiller Ergebenheit sowie auch übergroßer Ehrfurcht auf dieses Wunder!
So ein himmlisches Wesen war jedoch selbst ihnen nicht bekannt, das dieses Wunder der Liebe ausstrahlen und dadurch den Prinzen einmal tatsächlich erlösen könnte!

Nun geschah es jedoch eines Nachts, dass die Erd-Kruste erzitterte, erbebte und stark rotierte!

Kein Mensch sowie ebenso kein himmlisches Wesen konnte erahnen, welches Welt-Wunder jetzt wohl geschehen würde!

Es war weder zu sehen noch zu hören, nur in der unendlich tiefsten Tiefe eines wahren ehrlichen zur ewigen Liebe fähigen Herzens zu fühlen!

Eine überirdische himmlisch-melodiöse Stimme, die von Engels-Chören begleitet würde, müsste dann ertönen und verkünden:

„Ab heute ist die Welt von allem Bösen sowie Unreinen erlöst, denn die einzigen liebenden Herzen im Himmel und auf Erden haben zueinander gefunden und bleiben für immer in tiefer einzigartiger Liebe verbunden!

Die Welt ist nun erlöst, die Liebe hat gesiegt und alles Störende und Niedere auf Erden aufgelöst."

Nach diesen Worten würde sich der Himmel auf die Erde herabsenken!

Die zwei liebenden Herzen, die sich endlich nach Jahrhunderten, nein Jahr-Tausenden oder sogar Jahrmillionen endlich für immer gefunden hatten, umarmten sich und dadurch waren der Frieden und die Liebe in diesem heiligen Moment ebenfalls erlöst und die Erde für immer von ihrem unendlichen Leid sowie ewiger Qual befreit!

Dies alles geschah in ihren Träumen und sie war sich völlig sicher, dass sie die Erde für immer erlösen könnte, eines Tages auch tatsächlich würde!

Guter Mond

Guter Mond, Du ziehst so stille
über unsre schöne Erde hin.
Du bist munter und ich bin so knille,
weil durch Dich ich immer schlaflos bin!
Du verzauberst nicht nur Bäume
durch Dein helles Silber-Zauberlicht,
Du erleuchtest sogar unsre Träume,
nur einschlafen kann ich dabei nicht!

Guter Mond, Dich will ich heute fragen:
„Sag, warum bringst Du uns Hilfe nicht?
Hörst doch nächtlich unsre vielen Klagen,
schaust uns voll und ehrlich ins Gesicht!
Jeder Ebbe hilfst Du immer
und bringst ihr ne tolle neue Flut!
Hilf auch uns mit Deinem Silber-Schimmer,
schenk uns Frieden und mach alles gut!

Guter Mond, Du schweigst recht stille
schon über viele tausend Jahre hin!
Du hast Recht, wir wollen viel zu ville,
stets nach oben richt' sich unser Sinn!
Wo's doch drunten hier auf Erden
so viel schöner ausschaut als bei Dir!
Lass uns groß und voller Liebe werden,
damit sich wohl fühlt bei uns
Mensch und Tier."

Guter Mond, Du ziehst in weiter Ferne
über diese schöne Erde hin!
Träumst und denkst Dir, ach wie so gerne
wäre ich Mensch dort drunten mittendrin.
Auch wir Menschen wollen träumen,
wären gerne bei Dir Mann im Mond
und so schweben wir in fremden Räumen
Du und ich! Sag, ob sich das wohl lohnt,

guter Mond?

Der Mond ist aufgegangen,
die gold'nen Sterne prangen
am Himmel hell und klar.
Der Wind, die Wolken schauen
auf uns voller Vertrauen
und flehen, macht die Worte wahr:

Wir wollen nie mehr streiten,
Liebe soll uns begleiten
bei Tag und auch bei Nacht!
Lasset uns danach streben
in unsrem Erdenleben,
damit Verständnis in uns wacht!

Wir wollen uns vertragen,
kein böses Wort mehr sagen,
damit wir uns versteh'n.
Lasst streben nach dem Ganzen,
uns Menschen, Tiere Pflanzen
und nie mehr fremde Wege geh'n!

Die goldene über die gesamte Welt regierende Sonnen-Göttin

Es war einmal eine Licht-Gestalt, die nicht nur durch ihre einmalige Schönheit glänzte, nein sie war auch die Licht- Liebe- sowie ebenso Wärme-spendende Göttin ohne die kein Leben auf der Erde sowie erst recht nicht auf dem Mond, möglich war, denn beide leuchteten nur ein klein wenig unterschiedlich durch das Licht sowie die Wärme ihrer übergroßen, gewaltigen Gnade!

Sie war aber trotz ihrer einmaligen Eigenschaften die wie ein goldener Sonnen-Schleier ihren Körper umschmeichelten und ihr Herz erglühen ließen, voller uneigennütziger Nächstenliebe!

Sie war außerdem großherzig sowie gebefreudig und verteilte daher auch mit übervollem Herzen an die gesamte Welt, also an alle Pflanzen, Tiere sowie Menschen volltrunken im Rausch voller Nächstenliebe ihre Leben spendenden Wesens-Merkmale sowie Eigenwilligkeiten.

Eigennutz und Selbst-Verliebtheit waren Fremd-Worte für sie und sie lebte daher in einer goldenen Glanzwelt, die ohnegleichen war und sie mit einem goldig glänzenden Schleier umhüllte.
Sie fühlte sich vollkommen und beherbergte daher weder Wünsche, Fragen, Zweifel oder ähnlich nutzlose Eigenschaften in ihrem Herzen, das ebenfalls golden glänzte, wodurch alle Gegen-Argumente um sie herum für immer verstummten!

Wenn ihr aber versehentlich ein Zweifler zu nahe kam, musste er erleben, dass er von ihrer Güte, Herrlichkeit sowie Herzlichkeit geblendet auf die Knie sank und nie mehr wagte, ihre einmalige Größe, Macht, Stärke sowie Herrlichkeit in Frage zu stellen.

Das Einzige, was sie beunruhigte und das sie weder beherrschen noch in den Griff bekommen konnte, war die unsinnige Eigenschaft oder auch dümmliche Angewohnheit der Mutter Erde, die pausenlos versuchte, ein Eigenleben zu führen!
Sie bewegte sich, ja sie kreiselte sogar ohne auch nur eine einzige ihrer Anweisungen zu befolgen, wie ein aufgeblasener volltrunkener Spiel-Ball ständig im All herum.

Ja, die Erde lachte nur, wenn sie sich als goldene Sonnengöttin vor ihr aufbaute und sich zu Recht gekränkt fühlte und oft sogar zornig beschwerte, dass sie sich als einfallsloser Erdklumpen selbst einmal zur „Mutter Erde“ gekürt hatte und eigenwillig ihre Bahnen zog!
Sie reagierte weder auf ihre Bittgesuche noch gehorchte sie ihren zornigen Eruptionen aus der Welt der ewigen Liebe und Freundschaft!

Wer hörte auf sie, wer stand ihr bei, wer vergötterte sie so sehr, dass er willenlos gehorchte und ihr jeden Wunsch von den Augen ablas sowie unverzüglich ihre leidenschaftlich glühenden Befehle ernst nahm und ihr aufs Wort gehorchte?

Ihr musste doch wirklich jeder ohne „wenn“ und „aber“ freiwillig zu Diensten sein, denn sie war einwandfrei die stärkste und daher natürlich auch die mächtigste Macht im All!

„Ich kann, wenn ich zornig bin, komplette Land-Striche verdorren, Feuchtigkeit spendende Wasser austrocknen und sogar die komplette Erde verdursten lassen! Ja, das kann ich!

Jeder muss mir daher gehorchen und freiwillig seine Arroganz sowie Starrsinn mir gegenüber aufgeben!
Trotz dieses Wissens zieht sie jedoch weiter unsinnige Kreise nach eigenem Ermessen“ zürnte die Sonnengöttin immer wieder ohne auch nur einmal nach Luft zu schnappen!

„Ja, ich kann sogar mit meinen sengenden und verbrennenden Sonnen-Strahlen alle, wirklich alle Regen-Wolken zerstückeln, so dass sie nicht mehr genügend Wasser ausschütten können sondern einfach aufgeben und sich über dem Meer oder sogar über Seen und Gewässern erleichtern müssen, was ja nun wirklich völliger Blödsinn ist!

Ja, ich kann sogar die gesamte Erde vollkommen austrocknen und ich vermag noch vieles mehr!

Wenn ich will, ist es mir ebenfalls möglich, das Magnetfeld der Erde erzittern zu lassen, also müssen sich alle Kreaturen auf und in der Erde gut mit mir verstehen sonst kann ich sie übel zurichten! Ja, das kann ich!

Mein Wille geschieht immer und ewig im All!

Ich bin nun einmal großartig, gewaltig, ausladend, mächtig, kolossal, gigantisch, monströs, massig, stattlich, üppig, riesig, monumental, geräumig, umfangreich, bedeutsam, berühmt, geachtet sowie von großem Gewicht und außerdem auch noch äußerst heißblütig!
Meine Zorneswellen stürzen Ozeane sowie sämtliche Gewässer auf Erden in allergrößtes Elend, wenn ich es will!

Nur den blöden Mond kann ich mit meinen Strahlen nicht verändern oder beeindrucken.

Ganz egal, was ich auch anstelle, wir sind uns noch nie näher gekommen und auch noch nie Aug' in Auge begegnet.
Dabei kann er ohne mein Licht überhaupt nicht wahrgenommen werden, aber das stört ihn leider überhaupt nicht!

Auch mein gigantischer Zorn lässt ihn kalt!
Er lächelt nur, versteckt sich sogar feige hinter einer Wolke und unterhält sich fröhlich und gut gelaunt mit seiner Sternen-Schar!

Ja, er singt sogar Lieder mit seinen Sternen!

Obendrein auch noch mit einigen Märchen-Kindern in einer kleinen Tannenlichtung im Märchenwald!
Er erzählt sogar wunderschöne Märchen, wenn er in Vollmond-Nächten besonders gut gelaunt ist!

Dabei ist er ein Nichts!
Trotzdem lieben die Menschen den Mond mehr als mich!

Das ist eine gigantische Ungerechtigkeit!

Bei mir cremen sich die Menschen sogar gegen Sonnenbrand die Haut ein, gegen das Mondlicht hat sich jedoch noch nie jemand beschwert oder sich geschützt, denn es ist milde, sanft, weich und sogar gedämpft!
Die Hunde bellen den Mond an, und zwar aus Freundschaft und unterhalten sich obendrein in der Hundesprache mit ihm!

Dichter sowie Denker fühlen sich ebenfalls durch den Mond inspiriert und verfassen mondschöne Gedichte sowie Lieder und Balladen über ihn!

Warum nur, warum, warum?

Wen oder was auch immer ich in dieser Angelegenheit befrage, ich bekomme niemals eine erschöpfende Antwort!

Oftmals bilden sich sogar Angst-Schweißperlen auf der Stirn der Menschen wenn ich ihnen zu Nahe komme!

Dabei bin ich doch nur wissbegierig und Neid sowie Missgunst sind Fremdworte für mich!

Ich glaube, ich mache es in Zukunft genau wie der Mond! Er kümmert sich nämlich um rein Nichts sondern zieht einfach gelassen seine Bahn!

Das werde ich ebenfalls versuchen!

Jedoch mein äußert sehr spezielles, vernünftiges, überlegenes sowie diszipliniertes Temperament spielt mir regelmäßig einen Streich und empört sich immer wieder aufs Neue gegen den Mond!

Und dann soll er sogar auch noch bewohnt sein! Immer wieder werden Märchen, Fabeln sowie Geschichten rund um den Mond herum gewebt!

Alt und Jung lauscht gebannt den Märchen, die sich um den Mond ranken.
Es besteht sogar das Gerücht dass ein Mann im Mond wohnen soll!
Auch ein kleiner Prinz mit seiner Prinzessin hat sich dort angeblich einmal in inniger Liebe für immer verbunden!
Das können aber nur Lügen-Geschichten sein, denn ich habe davon nicht das Geringste mitbekommen!

Und dann - ich kann es nicht fassen - haben die Menschen dem Mond sogar schon einen Besuch abgestattet!

Warum nicht auch mir? Warum??????

Wie lange und wie oft ich aber auch darüber nachdenke, ich ziehe immer den Kürzeren, wenn es um Liebe und Freundschaft geht!
So echte romantische sowie liebevolle Stunden erleben Liebende nämlich nur im Mondschein!

Gegen das grelle Sonnenlicht stellen sie sogar Sonnenschirme auf, niemals gegen das Mond-Licht! Im Gegenteil!

Die Menschen entzünden zusätzlich noch Kerzen und befestigen Lampions an den Zweigen der Bäume, damit sie im Mondschein mit offenen Augen träumen können!

Bei mir greifen sie sofort zur Sonnenbrille um ihre Augen vor der intensiven Sonnen-Bestrahlung zu schützen!

Ich bin bis aufs tiefste gekränkt und fühle mich falsch behandelt denn ich bemühe mich ständig, allen Menschen offen ins Gesicht zu schauen aber sie mögen nicht einmal meine Sommersprossen die ich ihnen kunstvoll ins Gesicht zaubere um sie damit zu interessanter aussehenden Menschen umzugestalten!
Sogar ihren Autos kleben sie Sonnenschutz vor die Scheiben und Alkohol, der sie in Schwung und Stimmung bringt, bevorzugen sie ebenfalls meistens erst nach Sonnen-Untergang.
Sie tanzen ungehemmt und fröhlich bis in den Morgen hinein, fallen aber bei Sonnenschein sofort ins Bett oder suchen sich ein schattiges Plätzchen zum Ausruhen!

Ja, sie sind nur ungerecht und ungezogen zu mir!

Auch das ausgelassene und ungehemmte Tanzen fällt den Menschen bei Sonnenschein schwer und sie wischen sich den unangenehmen Schweiß von der Stirn, weil sie sich zu sehr anstrengen müssen!

Bei Mondschein schmiegen sie sich jedoch eng aneinander und wollen sich überhaupt nicht mehr loslassen!

Das alles muss ich täglich erleben und werde nur ausgelacht, wenn ich mich einmal zu Recht beschwere!
Ich bin daher keine goldene Königin, nicht einmal eine silbrig schimmernde!
Nein ich bin eine Neid erfüllte königliche Göttin!
Wer erlöst mich und schenkt mir endlich meinen ewigen Frieden?“

Durch diese vielen Fragen und die düstere Stimmung der goldenen Göttin, verdunkelte sich auf einmal der Himmel immer mehr!

Die Wolken füllten sich mit ihren mühsam zurück gehaltenen Tränen und plötzlich aus heiterem Himmel zog ein gewaltiges Unwetter auf!

Die weißen Schäfchen-Wolken verdunkelten sich. Außerdem wurden sie durch diese sehr düstere Stimmung fast blind, stießen ungewollt zusammen und – wie konnte es anders sein - durchtrennten dann auch noch einige Zornesblitze der Sonnen-Göttin die friedliche, frohe Stimmung endgültig!

Die Wolken konnten nun die mühsam zurück gehaltenen Tränen der Sonnen-Göttin nicht mehr halten und es ergoss sich ein Platzregen über die bisher sonnige und friedliche Landschaft!
Von den grellen Zornesblitzen und gewaltigen Donnerschlägen getroffen, wurden nun auch noch die letzten, bisher friedlich gestimmten rosigen Wölkchen zornig und bewarfen sich sogar mitten im sommerheißen und sonnendurchfluteten Hoch-Sommer mit großen sowie harten Hagelkörnern!

„Ja, wie Ihr seht, kann ich alles" donnerte die nun wirklich sehr missgestimmte Frau Sonnen-Göttin. „Ich kann in Blitzesschnelle die friedlichste Stimmung auf Erden kippen und die Menschen sowie Tiere in Angst, Schrecken sowie sogar noch in große Panik versetzen!

Ich bin alles und kann alles!

Also bin ich allmächtig!

Und wer dies ernsthaft bezweifelt,
den trifft eines Tages
aus heiterem Himmel
mein Zornesblitz
und bringt ihn endgültig
zum Schweigen!"

Es war einmal:

Irmgard Edith Müller wurde am 7. Mai 1934 in Elbing/Westpreußen - einer bedeutenden Hanse-Hafenstadt - geboren die auch seit Anfang des neunzehnten Jahrhunderts:

„Das Kunst-Historische Schmuck-Kästchen“

genannt wurde.

Ihre Kindheit verlebte sie in Stettin, ebenfalls einer ehrwürdige Hanse-Hafenstadt, die als

„Das Paris des Ostens“

bekannt wurde und die Lieblingsstadt von Kaiser-Wilhelm war.

Seit langem florierte zwischen Berlin und Stettin Bahn- u. Schiffsverkehr so dass Stettin allgemein als „Vorort von Berlin“ betrachtet wurde. Da ein Teil der nahen Verwandtschaft in Berlin wohnte, besuchte sie bereits als Kind oft die Hauptstadt, die sie ebenfalls als zweite Heimat ansah sowie auch den Ferienort Poberow am Ostsee-Strand wo ihre Familie ein kleines Ferienhaus besaß.

Sie verbrachte einen Teil ihrer Schulzeit in Stettin sowie durch den Krieg bedingt, ebenfalls in Horst Seebad, Treptow an der Rega sowie auch in Blankenburg im Harz.

Hier zeigte sich in Form von kleinen Gedichten und phantasievollen Aufsätzen bereits schon ihr schriftstellerisches märchenhaftes Talent.
Dem Schulabschluss in der Sophienschule, einem Mädchen-Gymnasium in Hannover, wohin sie das Schicksal nach einer aufregenden Flucht wehte, folgte in einer Hauswirtschaftlichen sowie in der Privaten kaufmännische Berufsschule Buhmann je eine einjährige Ausbildung.
Nachfolgend dann eine Beschäftigung als Steno-Kontoristin, Bundesbahngehilfin der Deutschen Reichsbahn sowie kaufmännische Angestellte und Sekretärin bei der Arminiuswerft Hannover und einer größeren, bekannten Baufirma .

1959 zog sie in ein eigenes Reihen-Haus einer Neubausiedlung in Engelbostel, einem äußerst liebenswerten, historischen sowie romantischen kleinen Vorort von Hannover.

Bis 1965, der Geburt ihres Sohnes Oliver in Hannover war sie weiterhin beruflich tätig.
Danach machte sie sich mit einem eigenen kleinen Kunstgewerbe- Mode- sowie Secondhand-Laden in ihrem eigenen Haus selbständig.

1974 zog sie aus beruflichen Gründen nach Peine, einer Kleinstadt in Niedersachsen.
Dort engagierte sie sich ehrenamtlich im frisch gegründeten Kinderschutzbund. Auf dem eigenen Grundstück richtete sie unter anderem auch gut besuchte Flohmärkte aus um sich mit besonders preisgünstigen Geschenken für die zu betreuenden Familien einzudecken.
Außerdem arbeitete sie 3 Jahre lang halbtags in einer Filiale des Bertelsmann-Verlages.
Anschließend eröffnete sie im eigenen Haus einen kleinen Buchladen mit vorwiegend Lebenshilfe-Büchern sowie auch zahlreichen Artikeln aus der Dritten Welt.
Außerdem begann sie, ihre ersten Märchen zu schreiben, zu denen ihr Sohn Oliver zahlreiche passende Märchen-Bilder zeichnete.

1985 lernte sie Kurt Müller kennen, heiratete ihn und begann gemeinsam mit ihm ein völlig neues erfülltes und glückliches Leben! Nun wurden alle Märchen von Kurt mit eigenen Liedern zur Gitarre bereichert.
Gemeinsam übernahmen sie „Rosis Teeladen“, den sie recht bald über die Grenzen ihrer neuen Heimat bekannt machten.

Sie verwandelten das über dem Teeladen liegende große Wohnzimmer in eine sehr romantische Märchenstube und servierten dort jeden Sonntag bei Kerzen-Schein, Tee sowie Gebäck eigene Märchen mit den dazu passenden Liedern!
Die regionale und überregionale Presse (dpa) sowie diverse Rundfunksender ließen sich diese zauberhafte Atmosphäre nicht entgehen und berichteten voller Interesse immer wieder gerne und detailliert. Der Bürgermeister der kleinen Stadt sowie auch Besucher von Nah und Fern und sogar das Fernsehen konnten den zahlreichen Verlockungen ebenfalls nicht widerstehen.
Sie ließen sich recht gerne zu mitternächtlichen Märchen-Stunden sowie Heimat-Nachmittagen im Städtischen Theater einladen die ebenfalls nach eigener Regie regelmäßig angeboten und von Rundfunk und Presse unterstützt wurden.

Der Fernsehsender SAT1 übertrug Auszüge einer bunten Märchenstunde, mehrere Talk-Shows interessierten sich für das Müller-Duo und sogar der Kasseler Weihnachtsmarkt, der zur Deutschen Märchenstraße gehört, ließ sich von den neuen deutschen Müller-Märchen sowie auch Liedern zur Weihnachtszeit verzaubern.

Als „Singende Märchenerzähler“ bereisten sie den norddeutschen Raum, besuchten viele Vorschul-Kindergärten, Schulen, Eltern-Initiativen sowie kleinere und größere Veranstaltungen wie unter anderem auch im Kuppelsaal Hannover.

Die Märchenstube ging ebenfalls einmal kurz auf Reisen und lud vom Herbst 1992 bis Sommer 1993 im damaligen Ihme-Einkaufs-Zentrum in Hannover in einem märchenhaft ausgestatteten Raum zu regelmäßigen Märchenstunden ein, die ebenfalls von einigen Hannoverschen Zeitungen ausführlich vorgestellt wurden.

Im Jahr 2002 erhielt das Märchen-Müller-Duo ein Angebot von Sohn Oliver ihr Domizil in die Hauptstadt Berlin zu verlegen, das natürlich mit Freuden angenommen wurde.
Nun wollten sich die Müllers auf einen recht geruhsamen Lebens-Abend in Berlin vorbereiten.

Daraus wurde aber zum Glück nichts denn Berlin war so aufregend und inspirierend dass sie nach kurzer Zeit wieder neue Märchen und Melodien schrieben sowie die alten ein wenig entstaubten und auffrischten.

Das Müller-Märchen-Duo stellte ihre Oster- sowie Weihnachts-Märchen ebenfalls mit viel Erfolg im Heimat-Museum Wilmersdorf-Charlottenburg vor und so war es ganz selbstverständlich dass sich zu den neuen „Berliner Märchen“ nun auch völlig neue Märchen-Figuren gesellten und ihren Platz in der Berliner Müller-Märchen-Stube einnahmen.
Alle Märchen-Figuren bekamen passend zu dem Märchenbild, das sie darstellten, eine äußerst romantische märchenhafte Kleidung, die von Kunsthandwerkerinnen extra hergestellt wurden und so verwandelte sich das Wohnzimmer sehr schnell in eine sehenswerte Müller-Märchen-Stube, in der es über sechzig Märchen-Figuren sowie viele Accessoires zu den eigenen Märchen zu sehen und bestaunen gibt.

Der amtierende Regierende Bürgermeister von Berlin - Klaus Wowereit – begleitete von Anfang an mit Wohlwollen die „Müller-Märchen“ und ließ sich sogar zum Schirmherren sowie Schutz-Patron der Märchen-Waldtiere küren.
Zum 24. Geburtstag besuchte er persönlich die Müller-Märchenstube ließ sich mit Gebäck Tee sowie romantischen humorvollen und echten

Müller-Märchen liebevoll verwöhnen und wurde gut Freund mit allen Märchen-Figuren.
Zum Dank an den märchenhaften Besuch wurde ihm sogar ein eigenes Märchen gewidmet.
Außerdem begeht die Müller-Märchenstube ihm zu Ehren in jedem Jahr am 23. Oktober festlich einen märchenhaften „Wowi-Gedenktag"!

Auch der Altkanzler Dr. Helmut Kohl, der uns leider am 16. Juni 2017 für immer verlassen hat begleitete die Müller Märchen von Anfang an voll Interesse Güte und Verständnis.

Aus der „Reimschmiede" des Kanzlers Dr. Helmut Kohl kam als Geschenk und Anerkennung für die Müller-Märchen sogar folgendes Gedicht:

Der Kanzler dankt für Ihre Zeilen
aus Poesie und Märchenwelt
und hofft, dass Ihre Sicht der Dinge
den Menschen weiterhin gefällt!
Ein Kinderlachen sei zum Lohn
der Dichterin stets höchstes Gut,
drum gebe stets der Muse-Laune
auch Ihrer Kunst das richt'ge Lot!

Außerdem entstand ein interessanter Briefwechsel zwischen dem Altkanzler und der Märchen-Omi. Er wünschte ihr für die schriftstellerische Arbeit in der neuen Heimat Berlin im Jahre 2002 ganz persönlich Glück Erfolg und Gottes Segen!
Altkanzler Dr. Helmut Kohl war ein aufrichtiger Märchenfreund der Müller-Märchen und wird daher auch für immer im Herzen des Müller-Duos weiterleben.
Am 3. Dezember 2020 besuchte der Fernseh-Sender ***tv.berlin*** die Müller-Märchen-Stube und strahlte einen recht ausführlichen Bericht aus über den romantisch-liebevoll bereits weihnachtlich geschmückten Raum mit über 6o großen sowie unzähligen klimperkleinen Märchen-Figuren wie z.B. die rotzipfligen Zipfelmützen-Zwerge, aus!
Ebenfalls kam der Weihnachtsmann zu Wort und war recht traurig, dass einige Menschen ihn leider schon für immer aus ihrem Gedächtnis gestrichen und durch unzählige Nachbildungen in den Straßen, Geschäften, sowie auch Weihnachts-Märkten ersetzt hatten.
Die gesamte Sendung ist auf **tv.berlin** und **YouTube** abrufbar:
Berliner Märchen Omi erzählt Weihnachts-Geschichten!

Die verlorenen Herzen

Es war einmal an einem Tag kurz vor dem Weihnachtsfest, als der Weihnachtsmann betrübt feststellen musste, dass er auf der Erde nicht mehr gebraucht wurde.
Die Menschen hatten sich alle Wünsche bereits selbst erfüllt, die höchsten Berge bestiegen, die geheimsten Winkel der tiefsten Meere erforscht, ja sogar dem Mond einen Besuch abgestattet, aber sie hatten dabei nicht das Glück gefunden sondern nur ihr Herz verloren und sie wussten nicht einmal genau, wo und wann dies geschehen war.
Der Weihnachtsmann, der nun wirklich nicht mehr der Jüngste war sondern schon etliche Jährchen auf dem Buckel hatte, dieser uralte Mann mit seinem langweiligen Kostüm, das ebenfalls längst aus der Mode gekommen war, hatte ihre Herzen aber bekümmert aufgesammelt und an einem sicheren Ort versteckt.
Im Märchenland wo die rotzipfligen Zipfelmützen Zwerge sowie auch die Kinder, die liebevolle Märchen liebten, mit allen guten Märchenfiguren lebten, hatte auch er nach langem verzweifelten Suchen endlich sein neues Zuhause gefunden.

Der Märchen-Bär, der Schutzpatron aller Tiere und Menschen, die sich liebevoll umeinander kümmerten, hatte ihn wortlos an sein großes Herz gedrückt und ihm ebenfalls eine neue Heimat geschenkt, damit er wieder glücklich leben und arbeiten konnte.
Dort hat er nun alle Herzen, die sich nach wahrer Liebe und Freundschaft sehnten, versteckt und wartet ungeduldig, dass er sie endlich an einem Weihnachtsfest hervorholen und natürlich wieder zurückbringen kann. Kein Herz ist also verloren gegangen sondern wartet nur an einem sicheren und geheimen Ort sehnsüchtig darauf dass es endlich schmerzlich vermisst wird und wieder nach Hause zurückkehren darf.
Das könnte vielleicht an diesem Weihnachtsfest geschehen, denn alle Menschen haben erkennen müssen, dass es sich ohne ein mitfühlendes Herz nicht lohnt, auf dieser Erde zu leben. Wenn Ihr also ebenfalls Euer mitfühlendes, liebevolles sowie auch alles verzeihendes Herz vermisst und es unbedingt zurück haben wollt, dann bittet den Weihnachtsmann, dass er es Euch wieder zurück bringt damit Ihr Euch ebenfalls richtig von ganzem Herzen auf das Weihnachtsfest und den Weihnachtsmann freuen könnt!-!

Die Berliner Märchen-Omi Irmgard Müller wird auch künftig fleißig weiter Märchen schreiben, denn alle Märchen auf der Welt sind eine wundervolle Hilfe für Groß und Klein, indem sie Pflanzen, Tiere, Gestirne und Gegenstände in Wort und Ton als Symbole lebendig werden und sprechen, fühlen und leben lassen.

Viele Ereignisse, die uns im täglichen Leben begegnen, können wir viel besser verarbeiten und verstehen, wenn sie uns in einem Märchen voller Wunder begegnen.
Dort können nämlich Tiere und Pflanzen sprechen und uns ihre Sorgen und Nöte anvertrauen.

Außerdem dürfen wir gemeinsam mit ihnen recht fröhliche und glückliche Stunden verleben, voneinander lernen und uns in einer Symbol-Sprache verständigen, die noch immer ganz tief in unseren Herzen als Ursprache aller Lebewesen verborgen ist.

Inhaltsverzeichnis

Außerdem sind erschienen:
Die Märchen-Omi erzählt:

Ramona und Oliver
im Märchenreich
ISBN 978-3-930768-71-4

Ramona und Oliver
und ihre Märchenfreunde
ISBN 978-3-930768-72-1

Gefühlswallungen im Märchenland
ISBN 978-3-930768-67-7

Weihnachten
mit Lichterglanz u. Sternengold
ISBN 978-3-930768-69-1

Weihnachten
mit Tannengrün u. Mondenschein
ISBN 978-3-930768-70-7